世界哲學家叢書

惠　　　　能

楊　惠　南　著

1993

東大圖書公司印行

國立中央圖書館出版品預行編目資料

惠能／楊惠南著．--初版．--臺北市：
東大發行：三民總經銷，民82
　　面；　公分．--(世界哲學家叢書)
參考書目：面
含索引
ISBN 957-19-1474-6 (精裝)
ISBN 957-19-1475-4 (平裝)

1.（唐）釋惠能-學識-佛教　2.佛
　教-哲學，原理-中國-唐(618-907)

220.9204　　　　　　　　　　82001869

© 惠能

著　　　者　楊惠南
發 行 人　劉仲文
著作財產權人　三民書局股份有限公司
總 經 銷　東大圖書股份有限公司
印 刷 所　三民書局股份有限公司
　　　　　地址／臺北市重慶南路一段六十一號二樓
　　　　　郵撥／〇一〇七一七五一〇號

初版　中華民國八十二年四月
編　號　E 12059

基本定價　壹元伍角陸分
行政院新聞局登記證局版臺業字第〇一九七號

ISBN 957-19-1475-4 (平裝)

「世界哲學家叢書」總序

　　本叢書的出版計畫原先出於三民書局董事長劉振強先生多年來的構想，曾先向政通提出，並希望我們兩人共同負責主編工作。1984年2月底，偉勳應邀訪問香港中文大學哲學系，3月中旬順道來臺，卽與政通拜訪劉先生，在三民書局二樓辦公室商談有關叢書出版的初步計畫。我們十分贊同劉先生的構想，認為此套叢書（預計百冊以上）如能順利完成，當是學術文化出版事業的一大創舉與突破，也就當場答應劉先生的誠懇邀請，共同擔任叢書主編。兩人私下也為叢書的計畫討論多次，擬定了「撰稿細則」，以求各書可循的統一規格，尤其在內容上特別要求各書必須包括 (1) 原哲學思想家的生平；(2) 時代背景與社會環境；(3) 思想傳承與改造；(4) 思想特徵及其獨創性；(5) 歷史地位；(6) 對後世的影響（包括歷代對他的評價），以及 (7) 思想的現代意義。

　　作為叢書主編，我們都了解到，以目前極有限的財源、人力與時間，要去完成多達三、四百冊的大規模而齊全的叢書，根本是不可能的事。光就人力一點來說，少數教授學者由於個人的某些困難（如筆債太多之類），不克參加；因此我們曾對較有餘力的簽約作者，暗示過繼續邀請他們多撰一兩本書的可能性。遺憾

的是，　此刻在政治上整個中國仍然處於「一分為二」的艱苦狀態，加上馬列教條的種種限制，我們不可能邀請大陸學者參與撰寫工作。不過到目前為止，我們已經獲得八十位以上海內外的學者精英全力支持，包括臺灣、香港、新加坡、澳洲、美國、西德與加拿大七個地區；難得的是，更包括了日本與大韓民國好多位名流學者加入叢書作者的陣容，增加不少叢書的國際光彩。韓國的國際退溪學會也在定期月刊《退溪學界消息》鄭重推薦叢書兩次，我們藉此機會表示謝意。

原則上，本叢書應該包括古今中外所有著名的哲學思想家，但是除了財源問題之外也有人才不足的實際困難。就西方哲學來說，一大半作者的專長與興趣都集中在現代哲學部門，反映著我們在近代哲學的專門人才不太充足。再就東方哲學而言，印度哲學部門很難找到適當的專家與作者；至於貫穿整個亞洲思想文化的佛教部門，在中、韓兩國的佛教思想家方面雖有十位左右的作者參加，日本佛教與印度佛教方面卻仍近乎空白。人才與作者最多的是在儒家思想家這個部門，包括中、韓、日三國的儒學發展在內，最能令人滿意。總之，我們尋找叢書作者所遭遇到的這些困難，對於我們有一學術研究的重要啓示（或不如說是警號）：我們在印度思想、日本佛教以及西方哲學方面至今仍無高度的研究成果，我們必須早日設法彌補這些方面的人才缺失，以便提高我們的學術水平。相比之下，鄰邦日本一百多年來已造就了東西方哲學幾乎每一部門的專家學者，　足資借鏡，　有待我們迎頭趕上。

以儒、道、　佛三家為主的中國哲學，　可以說是傳統中國思想與文化的本有根基，有待我們經過一番批判的繼承與創造的發

展，　重新提高它在世界哲學應有的地位。　為了解決此一時代課題，我們實有必要重新比較中國哲學與（包括西方與日、韓、印等東方國家在內的）外國哲學的優劣長短，從中設法開闢一條合乎未來中國所需求的哲學理路。我們衷心盼望，本叢書將有助於讀者對此時代課題的深切關注與反思，且有助於中外哲學之間更進一步的交流與會通。

　　最後，我們應該強調，中國目前雖仍處於「一分為二」的政治局面，但是海峽兩岸的每一知識分子都應具有「文化中國」的共識共認，為了祖國傳統思想與文化的繼往開來承擔一份責任，這也是我們主編「世界哲學家叢書」的一大旨趣。

傅偉勳　韋政通

1986年 5 月 4 日

自　　序

　　中國禪宗第六代祖師惠能，是一位影響旣深且遠的高僧。他的影響力，並不侷限於佛教的內部；而是遍及佛教之外的宗教、思想、文化等各層面。由於種種因素，唐朝以後的佛教，限定在禪宗和淨土二宗，其他各宗率皆衰落。其中，淨土流行於庶民階級，而禪宗卻廣受知識分子的喜愛。知識分子的熱烈參與，使得禪宗散發出光輝燦爛的色彩；禪詩、禪畫，乃至禪師與禪師、禪師與文人雅士之間的機鋒對談，豐富了唐朝的思想界和文化界。

　　宋以後，隨著新儒家哲學的興起，以禪、淨二宗所代表的佛教，相對地沒落了許多；但是禪宗卻以另外的一種面目，呈現在世人的面前。這一面目即是民間宗教。宋、明以來的民間宗教，幾乎沒有例外地，都以六祖惠能做為他們的「祖師」。羅教或稱無為教，乃明朝所創立的民間宗教，被視為和其後大部分民間宗教，具有親密之血源關係。其創教者羅清（或羅倫，約 1443～1527 年），著有《苦功悟道》、《嘆世無為》、《破邪顯證》（上、下卷）、《正信除疑》，以及《不動太山》等「五部六冊」之「寶卷」；而其註釋者——松庵道人源靜，不但自稱是禪宗臨濟宗的弟子，而且還在註釋當中，大量採用禪宗的字彙和「公案」。（參見戴玄之，《中國秘密宗教與秘密會社》，臺北：臺灣商務印書館，1991，上冊，頁 39-59。）另外，澤田瑞穗，《寶卷研究》，東京：國書刊行會，昭和50年，頁 315-316，

不但明言羅教具有禪宗的思想淵源，甚至還把《苦功悟道》寶卷中，有關羅清的自傳，拿來和《六祖壇經》中惠能的生平相比對，結果發現二者具有極為相似之處。澤田下結論說：羅清有意「暗示」自己和惠能的親密關係。至於本世紀初，在中國華北地區盛行一時，並且傳入臺灣而流傳廣泛的一貫道，則更加明顯，在該教的「道統」當中，從盤古到孟子共十四代，皆中國古聖先賢。孟子之後，心法失傳，儒脈泯滅，「道統」改由印度的釋迦牟尼佛接替。因此，《壇經》所列舉的「西天二十八代祖」（參見本書第二章第二節），全都上榜。到了西天第二十八代祖菩提達摩時，「老水還潮」，又由中國人所接替；他們即是禪宗的第二代祖師慧可乃至六祖惠能。（參見李世瑜，《現在華北秘密宗教》，臺北：古亭書屋，1975，頁 51–53。）由此可見惠能之後的禪宗，在民間宗教中的地位。

　　至於禪宗初祖菩提達摩，在「武林」中不可動搖的地位，則是家曉戶喻的事了。有些傳聞儘管和史實不合，但在民間卻寧可信其真。「武林」中盛傳，少林武術的開山祖師，是河南嵩山少林寺面壁九年的達摩祖師。達摩祖師曾以一株蘆葦草強渡揚子江的高強「武功」，也隨著禪宗的盛行而廣泛流傳於鄉野之間。這些不能不說是惠能後之禪宗的影響。

　　也許是因為惠能具有深遠而又廣泛的影響所致，有關惠能的研究可謂汗牛充棟。本書撰寫期間所面臨的取捨問題，也一再感到困擾。在中國，胡適的〈壇經考〉和《神會語錄》，以及印順法師的《中國禪宗史》，是本書的重要參考資料。1989年春，高雄佛光山舉行了國際禪學會議，其後所出版的論文集，也讓我受益良多。而在日本，鈴木大拙、宇井伯壽、柳田聖山、關口真大

等人的巨著，都對惠能的生平、思想，有著詳細的研究，以致在禪學界具有深遠的影響。特別是關口真大，一再強調《金剛經解義》一書的重要性；該書傳說是惠能所著，而實際上可能是一部偽書。關口並呼籲惠能的研究者，能夠注意該書和惠能之間的關係。然而，由於語言的隔閡，這些前輩們的觀點，並沒有成為本書討論的重點；這是筆者深感慚愧和歉疚的地方！

近來，從藍吉富兄那裏，知道中國大陸新近在敦煌石窟，掘出了新的《壇經》卷子，並命名為「敦（煌）博（物館館藏）本《壇經》」。由於中國當局把該卷子視為秘笈，仍在秘密校刊、研究之中，因此，筆者也無緣一睹該卷子的真實面目。所幸，據傳該卷子和本書所採用的「敦煌本《壇經》」，在內容上並沒有太多的出入。

業師傅偉勳教授，在其〈壇經慧能頓悟禪教深層義蘊試探〉一文當中，曾經說到：惠能禪法的研究，應該照顧到「五個辯證層次」；它們是：(1)「實謂」層次；(2)「意謂」層次；(3)「蘊謂」層次；(4)「當謂」層次；(5)「必謂」層次。（參見業師傅教授，《從創造的詮釋學到大乘佛學》，臺北：東大圖書公司，1990，頁 212-213。）其中，實謂層次主要是歷史的研究，包括原典的校刊、考證、惠能其人其事的研究等等；這些大都已由前述日本學者所完成，也是本書最弱的部分。而當謂層次，乃是對於惠能所當說而未說（當謂）者，代為說出來。必謂層次，則是對於惠能之思想的再詮釋和再創造。做為一本介紹性的書籍來說，這二者也是本書所欠缺的部分。本書稍稍合乎業師要求的，只有意謂和蘊謂兩個層次；亦即惠能思想的哲學意含（意謂），以及後代禪者和他之間的關係（蘊謂）之研究。它們都集中在第

四和第五章，特別是第四章第二節對於「自性」一詞的探討。也許這是因為筆者不是一個從事文獻學或歷史研究的人，而是身在哲學系執教，比較習慣於哲理思考的緣故吧？

楊惠南

1993年孟春

惠　能 目　次

第五章　惠能後的禪宗

第一章　惠能前的中國禪

第一節　從菩提達摩到僧璨

第一項　菩提達摩的「二入四行」

　　惠能禪師（638～713）❶ 所傳的禪法，依照傳統的說法，乃是傳自菩提達摩禪師（約？～530）❷。菩提達摩則於南朝梁武帝時代，從西域❸來到中國。菩提達摩由於和梁武帝話不投機，因此並未受到梁武帝的重視。於是過揚子江，來到河南嵩山少林寺隱居。成立於1000年左右的《景德傳燈錄》，曾這樣地描寫：

---

❶ 惠能，又寫為慧能。這應該是由於唐朝文獻中，惠與慧字相通的關係。本書依照日本《大正新脩大藏經》（下文簡稱為《大正藏》），卷48，頁337，上-345，中，所收錄之《南宗頓教最上大乘摩訶般若波羅蜜經六祖惠能大師於韶州大梵寺施法壇經》（即所謂的「敦煌本《壇經》」），一律寫成惠能。

❷ 菩提達摩，又寫為菩提達磨。印順，《中國禪宗史》，臺北：慧日講堂，1971，頁 2-3，曾說，達摩被寫成達磨，是南方禪盛過北方禪的結果。因此，在時間上，採用達摩二字的文獻，遠比採用達磨二字的文獻，來得要早一點。

❸ 有關菩提達摩的故鄉，有不同的說法。成立於 547 年的《洛陽伽藍記》，作「波斯國胡人」；撰於 585 年（曇林卒年）之前的曇林，《略辨大乘入道四行・序》，則作「西域天竺國人」。（詳見印順，《中國禪宗史》，頁 3。）

> （梁武）帝問曰：「朕卽位已來，造寺、寫經、度僧，不
> 可勝紀，有何功德？」（菩提達摩禪）師曰：「此但人天
> 小果，有漏之因，如影隨形，雖有非實。」帝曰：「如何
> 是真功德？」答曰：「淨智妙圓，體自空寂。如是功德，
> 不以世求。」帝又問：「如何是聖諦第一義？」師曰：「廓
> 然無聖！」帝曰：「對朕者誰？」師曰：「不識！」帝不
> 領悟。師知機不契，是月十九日❹潛迴江北。……寓止于
> 嵩山少林寺，面壁而坐，終日默然。人莫之測，謂之壁觀
> 婆羅門。❺

引文中說到了下面幾件事情：（1）造寺、寫經、度僧無數的梁武
帝，問菩提達摩，到底自己有什麼「功德」沒有？菩提達摩給以
偏向否定的回答❻。（2）菩提達摩以爲，眞正的「功德」應該
是「淨智妙圓，體自空寂」；這樣的功德，並不是在世間所能
求得的──「不以世求」。（3）梁武帝又問：什麼是「聖諦第一
義」？菩提達摩的回答則是：世間並沒有什麼「聖諦第一義」。
（4）梁武帝又問：在我面前的是什麼人？菩提達摩竟然回答說：

---

❹ 梁・普通八年（527 年）十月十九日。（詳見《景德傳燈錄・卷3・
第二十八祖菩提達磨傳》；《大正藏》卷51，頁219，上-中。）

❺ 《景德傳燈錄・卷3・第二十八祖菩提達磨傳》，引見《大正藏》
卷51，頁219，上-中。

❻ 在流行本《六祖大師法寶壇經・疑問品》中，菩提達摩對於梁武帝
的問題，有更直接的回答：「實無功德！」（引見《大正藏》卷
48，頁351，下。）

我不認識❼！（5）菩提達摩因爲和梁武帝話不投機，因此在梁‧普通八年（527 年）十月十九日❽，來到江北的河南嵩山少林寺隱居。而且，由於「面壁而坐，終日默然」，因此人們稱之爲「壁觀婆羅門」❾。

　　然而，什麼是「面壁而坐，終日默然」呢？爲什麼菩提達摩

---

❼ (3)與(4)似乎有「玄機」存在。梁武帝問：「什麼是聖諦第一義？」其實是問：「什麼是聖人？」武帝原本希望菩提達摩回答：「皇帝您就是聖人！」但是菩提達摩並沒有這麼回答，因此轉問：「那麼，難道在我面前的你，也不是聖人嗎？」而當菩提達摩以「不認識」作答時，梁武帝眞的不高興了。事實上，菩提達摩是以《般若經》的「一切皆空」的道理來作答，這自然是偏於否定的「實無功德」、「廓然無聖」，乃至「不識」了。而梁武帝卻是南北朝十一家佛性論中的一家，主張「眞神爲正因佛性」。他是主張世間存有某些眞實事物（例如涅槃、佛性等）的「有宗」學者。湯用彤，《漢魏兩晉南北朝佛教史》，臺北：鼎文書局，1976（2 版），頁 709，曾指出：梁武帝的「眞神」，其實是「常人所言之靈魂，就心理現象而執有實物，其所陳義固甚淺顯」。因此，梁武帝自然希望菩提達摩從世俗的、肯定的觀點來作答。然而，菩提達摩並沒有這麼做，以致話不投機地離開了梁朝。

❽ 年代請參見❹。

❾ 依照《景德傳燈錄‧卷 3‧第二十八祖菩提達磨傳》的說法，菩提達摩是「南天竺國香至王第三子也，姓刹帝利」。（引見《大正藏》卷 51，頁 217，上。）但是，唐‧淨覺，《楞伽師資記》，所引之曇林《略辨大乘入道四行‧序》，卻說：「西域南天竺國人，是大婆羅門國王第三子。」（引見《大正藏》卷 85，頁 1284，下。）「壁觀婆羅門」一詞中的「婆羅門」，顯然是從曇林序來的。在印度，刹帝利（Kṣatriya）是指武士階級，亦卽統治國家的軍人。而婆羅門（Brāhmaṇa），則是婆羅門教（Brāhmanism）的傳教師。二者原本不可濫同。也許，這是因爲傳說的不正確所致，或是因爲古代中國人沒有將這兩個階級區分清楚的緣故。

會被稱爲「壁觀婆羅門」呢? 無疑地，這和他所傳的禪法，必有密切的關連。唐‧道宣，《續高僧傳》卷20，曾說:「有菩提達摩者……大乘壁觀，功業最高。」❿這說明所謂的「壁觀」，確實是菩提達摩所傳的禪法。事實上，《楞伽師資記》所引述菩提達摩弟子——曇林，在其《略辨大乘入道四行‧序》當中，即曾簡略地描寫菩提達摩的禪法:「如是安心，如是發行，如是順物，如是方便。此是大乘安心之法，令無錯謬。如是安心者，壁觀; 如是發行者，四行; 如是順物者，防護譏嫌; 如是方便者，遣其不著。」⓫然後詳細地描寫其中的「安心」（壁觀）和「發行」（四行）:

> 夫入道多途，要而言之，不出二種: 一是理入; 二是行入。理入者，謂藉教悟宗，深信含生、凡、聖同一真性，但爲客塵妄覆，不能顯了。若也捨妄歸真，凝注壁觀，自、他、凡、聖等一，堅住不移，更不隨於言教，此即與真理冥狀，無有分別，寂然無名，名之理入。行入者，所謂四行。其餘諸行，悉入此中。何等爲四行? 一者報怨行; 二者隨緣行; 三者無所求行; 四者稱法行。⓬

引文中說到菩提達摩的禪法，共分爲「理入」和「行入」兩部

---

❿ 引見《大正藏》卷50，頁596，下。

⓫ 唐‧淨覺，《楞伽師資記‧略辨大乘入道四行‧序》; 引見《大正藏》卷85，頁1285，上。

⓬ 《楞伽師資記‧略辨大乘入道四行》; 引見《大正藏》卷85，頁1285，上。值得注意的是，原文缺字、別字、錯字很多，本書引文是依據《大正藏》的原註而修正的結果。

分。理入，是透過道理上的通達，而入道。行入，則是透過「四
（種修）行」的實踐工夫，而入道。其中，所謂的道理是：「含
生、凡、聖同一眞性，但爲客塵妄覆，不能顯了。」而且，若能
「捨妄歸眞，凝注壁觀」，達到「自、他、凡、聖等一」乃至
「堅住不移，更不隨於言敎」的地步，則「與眞理冥狀」❸。無
疑地，這其實就是曇林序中所說的「安心」或「壁觀」。

　　而所謂的「四行」，則是：（1）對治怨憎會苦的「報怨行」；
（2）對治愛別離苦的「隨緣行」；（3）對治求不得苦的「無所求
行」；（4）「稱法行」，「稱」是契入之意，契入於佛法而行，
卽是稱法行❹。無疑地，四行中的稱法行，是最重要的。稱法行
中所要契入之佛法，是「性淨之理，目之爲法」，「此理衆相斯
空，無染無著，無此無彼」。因此，「爲除妄想，修六度而無所
行，是爲稱法行」❺。

　　在以上所說的「理入」（安心）、「行入」（發行、順物、
方便）當中，「理入」是比較難以了解的。理入卽是安心，又名
壁觀。《景德傳燈錄・卷3・第二十八祖菩提達磨傳》，在附註

❸　狀，應是「符」之誤寫。（參見印順，《中國禪宗史》，頁9。）
❹　印順，《中國禪宗史》，頁12，曾說：「前三行是『順物』，稱
　　法行是『方便』，這是從實際的事行去進修，而不是從心性去解說
　　的。」又說：「前三行是對『怨憎會』、『愛別離』、『求不得』
　　苦的進修。」這樣看來，曇林序所說到的「安心」、「發行」、「順
　　物」、「方便」四者的後三，全都包含在這四行當中。其中，順物
　　是指「防護譏嫌」；而方便則是「遣其不著」。
❺　《楞伽師資記・略辨大乘入道四行》；引見《大正藏》卷85，頁
　　1285，中。其中，「性淨之理，目之爲法」中的「目」字，原作
　　「因」；現在依印順，《中國禪宗史》，頁10，改爲「目」字。

中曾引《別記》說：「（菩提達摩禪）師初居少林寺九年，爲二祖說法，祇教曰：『外息諸緣，內心無喘，心如牆壁，可以入道。』……」❻

　　因此，所謂「壁觀」，大約是指「外息諸緣，內心無喘，心如牆壁」的意思。也就是說，由於通達佛法之「理」，了解外在的一切事物（外緣）都是不眞實的，因而安定了內心的煩躁，達到平靜（無喘）的狀態。這是以平整而無分別的牆壁做爲比喻，說明內心的安定平靜。

　　然而，要達到「安心」（卽壁觀）的境界，卻必須眞實地體悟佛法。前文已經論及，這裏所謂的佛法，是指「凡、聖、含生同一眞性，但爲客塵所覆，不能顯了」，乃至「捨妄歸眞」、「自、他、凡、聖等一」的道理。像這樣的道理，大約是四卷本《楞伽經》❼的思想。《景德傳燈錄・卷3・第二十八祖菩提達磨傳》，曾記載菩提達摩傳法給弟子慧可的時候，說了這樣的話：「吾有《楞伽經》四卷，亦用付汝。卽是如來心地要門，令諸衆生開示悟入。」❽由此可見菩提達摩的「理入」，所要契入之「理」，其實是四卷本《楞伽經》的道理❾。

---

❻ 引見《大正藏》卷51，頁219，下。

❼ 《楞伽經》共有三個譯本：(1) 劉宋・求那跋陀羅譯，《楞伽阿跋多羅寶經》，四卷；卽本書所謂「四卷本《楞伽經》」。(2) 元魏・菩提流支譯，《入楞伽經》，十卷。(3) 唐・實叉難陀譯，《大乘入楞伽經》，七卷。

❽ 引見《大正藏》卷51，頁219，下。

❾ 印順，《中國禪宗史》，頁13，曾說：「……『深信含生同一眞性』，是《楞伽經》所說的。前三行所引的經文，都出於《阿含經》及《法句經》。稱法行所引的『經云』，是《維摩詰經》。『三空』是三輪體空，是《般若經》義。」

　　種種文獻告訴我們，菩提達摩所傳的禪法，並沒有受到當時佛教界的肯定。曇林在其《略辨大乘入道四行‧序》裏，曾這樣描寫他的師父——菩提達摩：「亡心寂默之士，莫不歸信。取相存見之流，乃生譏謗。」❷可見菩提達摩受到當時一些「取相存見之流」的批評。事實上，唐‧道宣的《續高僧傳‧卷16‧菩提達摩傳》，也說：「于時，合國盛弘講授，乍聞定法，多生譏謗。」❷道宣的意思是，由於當時全中國盛行「講授」（佛法的講解傳授），因此對於菩提達摩所傳的「（禪）定（之）法」無法接受，以致產生了「譏謗」。

　　菩提達摩所傳的禪法，除了上述的「二入四行」之外，到底什麼內容，讓當時的佛教界無法接受呢？《續高僧傳》卷20末的總論中，對於菩提達摩的禪法，為什麼受到當時佛教界的批評，曾有這樣的說明：

　　　　屬有菩提達摩者，神化居宗，闡導江洛。大乘壁觀，功業最高。在世學流，歸仰如市。然而誦語難窮，厲精蓋少。審其慕則，遣蕩之志存焉。觀其立言，則罪福之宗兩捨。……復有相迷同好，聚結山門，持犯蒙然，動掛形網，運斤運刃，無避種生。炊爨飲噉，寧慚宿觸。或有立性剛猛，志尚下流。善友莫尋，正經罕讀。瞥聞一句，即謂司南。唱言五住久傾，十地將滿，法性早見，佛智已明。……相命禪宗，未閒禪字。如斯般軰，其量甚多。致使講

----

❷　《楞伽師資記‧略辨大乘入道四行‧序》；引見《大正藏》卷85，頁 1285，上。

❷　引見《大正藏》卷50，頁551，下。

徒，例輕此類。故世諺曰：無知之叟，義指禪師！ ㉒

我們可以從道宣這段冗長的文章當中，歸納出達摩禪之所以不受當時佛教界歡迎的原因：(1)「誦語難窮，屬精蓋少」，達摩禪很難，以致弟子少有完全通達的。(2)「罪福之宗兩捨」，達摩禪不重視因果業報說。(3)「持犯蒙然」，達摩禪不守佛門戒律。(4)「善友莫尋，正經罕讀」，達摩禪不交善友（善知識）、不依經典，有「盲修瞎煉」之嫌。(5)「瞥聞一句，即謂司南」㉓，乃至「唱言五住久傾，十地將滿，法性早見，佛智已明」，達摩禪有我慢貢高、自以為道行高超㉔的嫌疑。正因為達摩禪的這些

㉒　引見《大正藏》卷 50，頁 596，下-597，中。

㉓　司南、指南針、羅盤之類測定方向的器具。引伸為準則、標準之意。如《韓非子・有度》：「故先王立司南，以端朝夕。」

㉔　引文中的「五住」，是指五住地煩惱：見一處住地、欲愛住地、色愛住地、有愛住地、無明住地。語出《勝鬘（師子吼一乘大方便方廣）經》；另外，經文中兩度提到「勝鬘夫人」（參見《大正藏》卷 16，頁 510，下），因此可以確定深受《勝鬘經》影響的四卷本《楞伽經》，也說到「如來藏者……四住地、無明住地所醉，凡愚不覺」等話。（詳見《大正藏》卷 16，頁 512，中。）依照《勝鬘經》的說法，斷前四種住地，即證辟支佛、阿羅漢。斷最後的無明住地，即是佛。所以，經文說：「若無明住地斷者，過恆沙等如來菩提智所應斷法，皆亦隨斷。」（引見《大正藏》卷 12，頁 220，中-下。）而那些修習達摩禪的禪師們，既然「唱言五住久傾」，顯然自以為已經斷了無明住地，達到成佛的境地。其次，引文中的「十地」是指十地菩薩位。也是修菩薩行的最後十個階位。過此十地的階位，即是「妙覺位」的佛陀。禪者自稱「十地將滿」，可見他們自以為已經快要成佛了。從「五住久傾」、「十地將滿」兩句，足見達摩禪的修習者，確實自視甚高，有我慢貢高之嫌。

種種特色，當時佛教界中重視經義研究、宣說的「講徒」，大都輕視達摩禪，並把他們貶稱爲「無知之叟」！

　　儘管達摩禪的特色是這樣，印順的《中國禪宗史》（頁 37）卻評論說：「當時禪者的實際形態，與後來發揚光大的禪宗，有著共同的傾向。」又說：「禪宗卻在這種傾向下發展起來。」可見，其後發展出來的中國禪，其實已在創立者的身上，明白地顯現了出來。

第二項　慧可與僧璨

　　菩提達摩的弟子——曇林的《略辨大乘四行・序》，說到了道育和慧可（惠可）二人❷❺；加上重視講經的曇林本人，則有三人。然而，撰於 775 年左右的《歷代法寶記》，卻多了一位「尼總持」。而且還以菩提達摩的口吻說：「唐國有三人得我法；一人得我髓，一人得我骨，一人得我肉。得我髓者惠可，得我骨者道育，得我肉者尼總持也。」❷❻另外，成立於 801 年左右的《寶林傳》，又加了「得吾血者偏頭副」❷❼。儘管菩提達摩有這麼多個弟子，但是繼承中國禪第一代祖師——菩提達摩，而被後來的禪宗所承認的中國禪「第二祖」，卻是慧可禪師。

　　有關慧可（487～593）的事跡，唐・道宣，《續高僧傳・卷 16・釋僧可傳》，曾說：出家前，慧可曾是一位通於世間學問，所謂「外覽墳素（《三墳》、《五典》等古籍）」之人。四十歲

---

❷❺　詳見《楞伽師資記・略辨大乘入道四行・序》；《大正藏》卷85，頁 1285，上。

❷❻　引見《大正藏》卷 51，頁 181，上。

❷❼　參見印順，《中國禪宗史》，頁 27。印順以爲，《寶林傳》是依據《續高僧傳・卷 16・僧副傳》，而加入「偏頭副」的。不過，僧副所見的達摩禪師，是否即是菩提達摩？印順卻持保留的態度。

時，隨菩提達摩出家，「從學六載，精究一乘」。所學大約是菩提達摩所傳的《楞伽》禪❷⑧。等到菩提達摩「滅化洛濱」❷⑨時，慧可也跟著「埋形河涘」。後來，在衆人的禮請下，結束了隱居的生活，出來傳播禪法。以致「言滿天下，意非建立；玄籍遐覽，未始經心」。並於「天平之初」（534 年），隨著國家首都的遷到鄴城，慧可也來到鄴城「盛開祕苑」❸⓪。

正當慧可受到衆人歡迎時，卻遭到「滯文之徒」的批評，以致「是非紛舉」。特別是有一位名叫道恒的禪師，也在鄴城傳禪，「徒侶千計」，批評慧可的禪法是「魔語」；並且賄賂官府，「無理屠害」。於是慧可「縱（從）容順俗」❸①，以致「道竟幽

---

❷⑧ 前文已經說過，菩提達摩曾以四卷本《楞伽經》傳授給慧可。事實上，唐·杜朏，撰於 713 年左右的《傳法寶記》，也曾說：「（慧可）師事（菩提達摩）六年……然四五年間，研尋文照，（菩提達摩）以《楞伽經》授可曰：『吾觀漢地化道者，唯與此經相應。』」（引見印順，《中國禪宗史》，頁 5 。）可見菩提達摩所傳是《楞伽》禪，乃是流傳甚廣的說法。

❷⑨ 有關菩提達摩逝世的說法，有許多分歧。《續高僧傳·卷 16·菩提達摩傳》，說他「遊化爲務，莫測於終」；同書，〈釋僧可傳〉，則說「達摩滅化洛濱」（參見《大正藏》卷 50，頁 551，下-552，上）；另外，《傳法寶記》說他六度被毒而入滅，後來，宋雲從西域回來，在蔥嶺遇見了達摩，門人開棺一看，棺內空的，才知道達摩已經回西域了；而《歷代法寶記》，更進一步指出，毒害達摩的是菩提流支和光統律師，並把活了一百零七歲的達摩，葬於「相州城安縣子陌河北五里」。（參見《大正藏》卷51，頁180，下-181，中。）

❸⓪ 詳見《大正藏》卷 50，頁 552，上。

❸① 《歷代法寶記》說慧可「四十年隱峴山洛、相二州」。（詳見《大正藏》卷 51，頁 181，中。）

而且玄，故末緒卒無榮嗣」❸❷。事實上，《續高僧傳・卷 25・釋法沖傳》，也說：法沖禪師曾跟隨慧可學習《楞伽經》；然而，由於慧可對於該經曾有獨創的「綱紐」，因而「魏境文學，多不齒之」❸❸。

　　這樣看來，慧可一代的達摩禪，大約是以「低姿態」而祕密發展之中，對於整個中國佛教界，還沒有發生重大的影響力。《續高僧傳》雖然說到慧可「末緒卒無榮嗣」，但是撰於 801 年左右的《寶林傳》，卻說到慧可有八個弟子：

> 　　可大師下，除第三祖自有一支，而有七人：第一者峴山神定；第二者寶月禪師；第三者花閒居士；第四者大士化公；第五者向居士；第六者弟子和公；第七者廖居士。❸❹

引文中的「第三祖」，顯然是指禪宗第三代祖師——僧璨；再加上明文提到的七個，即成八個弟子。道宣，《續高僧傳・卷16・釋僧可傳》，只提到一個「幽遁林野木食」，並且和慧可之間，

---

❸❷ 以上依據《續高僧傳・卷 16・釋僧可傳》所說，請參見《大正藏》卷 50，頁 551，下-552，上。其中，對於慧可的「縱容順俗」，印順，《中國禪宗史》，頁 25-26，有這樣的分析：「順俗」是「順俗和光」的意思。具體的作法則是：以「吟謠」（似詩非詩，似偈非偈的吟唱），表達禪境；以煩蕪或簡略的方式——「寫割」或「寫剖」，來記錄自己的懷抱。印順並引《歷代法寶記》，推測道宣所說的「縱容順俗」，也有可能是「佯狂」的意思。

❸❸ 詳見《大正藏》卷 50，頁 666，中。

❸❹ 《寶林傳》卷 8；引見《中華大藏經》輯 1，冊 38，頁 32844，下。

曾有書信往來的向居士，另外還有一個「兼奉頭陀」苦行的弟子——那禪師❸。同書，卷25（補篇），〈釋法沖傳〉，道宣得到了新資料，說到慧可共有十二個弟子。首先是八個：「粲禪師、惠禪師、盛禪師、那禪師、端禪師、長藏師、眞法師、玉法師。（原注：『以上並口說玄理，不出文記。』）」後來又補了四個：「善（老）師、豐禪師、明禪師、胡明師。」❸其中，除了「粲禪師」卽是後來的禪宗第三代祖師——僧璨禪師之外，其他的十一個弟子都不能算是慧可的「榮嗣」。這和《續高僧傳・釋僧可傳》中，慧可「末緒卒無榮嗣」的說法，相去不遠。

　　慧可應該是和他的師父——菩提達摩一樣，是個理論與實行並重的禪師。他的禪法，原本就有「專附玄理」的特色❸，再加上受到當時佛教界的迫害，以致「道竟幽而且玄」（詳前所引《續高僧傳・慧可傳》文）。因此，慧可在理論（玄理）方面的主張，大約並不容易理解。唐・宗密，《中華傳心地禪門師資承襲圖》中，曾指出慧可禪法的特色是「本無煩惱，元是菩提」；並和道育所主張的「迷卽煩惱，悟卽菩提」，以及尼總持所主張的「斷煩惱，得菩提」並陳，而有所分別❸。另外，前文說過，慧可曾和向居士通過信，從他回答向居士的問題中，也可以看出他在「專附玄理」這一方面的主張。基本上，向居士的見解大約不出《般若經》中「一切皆空」的思想；這可以從信中主張「迷

❸　詳見《大正藏》卷 50，頁 552，上-中。

❸　以上引見《大正藏》卷 50，頁 666，中。

❸　《續高僧傳・卷 16・釋僧可傳》；引見《大正藏》卷 50，頁 552，中。

❸　詳見《卍續藏》冊 110，頁 434。

悟一途，智愚非別」，乃至「幻化非眞」、「虛妄無實」、「得無所得，失無所失」等思想看出來。然而，慧可的回答，卻多了四卷本《楞伽經》的思想影子：「本迷摩尼謂瓦礫，豁然自覺是眞珠。無明、智慧等無異，當知萬法卽皆如。……觀身與佛不差別，何須更覓彼無餘（涅槃）！」❸而在《楞伽師資記・第三齊朝鄴中沙門惠可傳》當中，也記錄了慧可的「修道明心法要」，其中引用了《楞伽經》文，並且有更明顯的《楞伽經》思想；例如：「佛性圓照，煥然明淨」、「妄起於眞，而妄迷眞。妄盡而眞現，卽心海澄清，法身空淨也」、「若了心源清淨，一切願足，一切行滿，一切皆辨（辦），不受後有」、「佛性猶如天下有日月，水中有火。人中有佛性，亦名佛性燈，亦名涅槃鏡」等等❹。這樣看來，除了個人傳法的作風或方法有所不同之外，慧可的禪法應該離菩提達摩的禪法不遠。他們都是理論（玄理）和實踐（禪定）並重的禪師；這和宋、明後的禪宗，只注重實踐而忽視理論，有著明顯的不同。

　　繼承慧可而成中國禪第三代祖師的是僧璨禪師（？～606）。僧璨的禪法，起先並沒有受到注意；這可以從下面的幾件事實看出來：首先，道宣在《續高僧傳・慧可傳》，並沒有把僧璨列入慧可的弟子當中。直到《續高僧傳・法沖傳》才在慧可的十二個弟子當中，列進了「璨禪師」（詳前文）。其次，成立於750年左右的《楞伽師資記・第四隋朝舒州思空山璨禪師傳》，雖然把僧璨視爲中國禪的第三代祖師，但卻有下面的幾句評語：「罔知

---

❸　《續高僧傳・卷16・釋僧可傳》；引見《大正藏》卷50，頁552，中。

❹　引見《大正藏》卷85，頁1285，中-下。

姓位，不測所生」、「隱思空山，蕭然淨坐，不出文記，祕不傳法」❹。既然連生平、姓氏都不詳，又隱居在「空山」中「淨坐」，「祕不傳法」，可以想見僧璨的禪法推展得並不熱烈。

　　總之，從菩提達摩到僧璨，這三代禪師是中國禪的草創時期。這一時期的中國禪，由於艱深難懂、不守佛門戒律、不重正統經教，而又自視甚高、不廣結善友，乃至「隱思空山」、「祕不傳法」等等內外因素，並沒有大力地發展開來。中國禪的眞正成立，要延遲到第四代祖師道信之後。

第二節　道信與弘忍

　　被尊稱爲中國禪宗第四代祖師的道信禪師（580～651），才是中國禪的眞正開創者。有關道信繼承第三代祖師僧璨的位置，最遲撰於 667 年（道宣卒年）的《續高僧傳・卷20・釋道信傳》，並沒有說到；但是，稍後（720 年左右）成立的《楞伽師資記・璨禪師傳》，卻說：「唯僧道信，奉事璨十二年，寫器傳燈。燈成就，璨印道信，了了見佛性處。」❷道信住於湖北黃梅縣雙峰山❸，「自入山以來，三十餘載。諸州學道，無遠不至。刺史崔義玄，聞而就禮。」臨終時，「山中五百餘人（弟子）」❹。

---

❹　引見《大正藏》卷 85，頁 1286，中。
❷　同前注。
❸　依照《歷代法寶記・唐朝第四祖信禪師傳》的說法，雙峰山原名破頭山，道信來後，才改名爲雙峰山。（詳見《大正藏》卷 51，頁 181，下。）
❹　以上皆見《續高僧傳・卷 20・釋道信傳》；《大正藏》卷 50，頁 606，中。

《楞伽師資記・道信傳》，說道信「再敞禪門，宇內流布」❹。
而更後（775 年左右）成立的《歷代法寶記・唐朝第四祖信禪師
傳》，更說：「後時，信大師大作佛事，廣開法門，接引羣品。
四方龍像，盡受歸依。」❹可見中國禪要到第四代祖師道信的時
候，才開始迅速地發展、壯大起來。

　　道信到底採用什麼方法，使得原本沒有什麼發展的達摩禪，
突然壯大起來呢？答案是：(1) 從道信開始，中國禪固定在一個
地方（例如道信的雙峰山），宣揚禪法；(2) 道信採用了「一行
三昧」的念佛方便。其中，第(1)點，成立於 713 年左右的唐・
杜胐，《傳法寶紀》，曾有這樣的評論：

　　天竺達摩，審其導迷，息其言語，離其經論。……惠可、
　　僧璨，理得真，行無轍迹，動無彰記。法匠潛運，學徒默
　　修。至夫道信……擇地開居，營宇立象，存沒有迹，旌傍
　　有聞。❹

引文中明顯地說到，從菩提達摩到僧璨之間，由於「行無轍迹，
動無彰記」，亦即並沒有固定的寺廟做爲傳教的根據地，以致
「法匠潛運，學徒默修」，亦即禪門弟子都以祕密修行、傳法爲

---

　❹ 引見《大正藏》卷 85，頁 1286，下。
　❹ 引見前書，卷 51，頁 181，下-182，上。
　❹ 引見柳田聖山，《初期禪宗史書の研究》，日本，京都：法藏館，
　　昭和 42 年，頁 570。其中，「營宇立象」一句，原作「營宇玄
　　象」。今依印順，《中國禪宗史》，頁 44，修改如文。另外，引文
　　中「理得眞」之前，可能缺了一字。

主。但是到了道信，卻一改過去的作風，「擇地開居，營宇立象」，亦即選擇一個固定的地方（例如黃梅縣的雙峰山），建立廟宇、豎立佛像，一者做爲傳法的根據地，二者做爲弟子們禮敬的對象。因此，在道信一代，「存沒有迹，旌傍有聞」。無疑地，這是爲什麼到了道信逝世時，有五百多個弟子在場的重要原因之一。

　　另一個原因則是，道信採用了「一行三昧」的念佛方便。這和當時漸漸流行的淨土宗念佛法門，有著異曲同工之妙。《楞伽師資記・道信傳》，曾這樣記載道信所推廣的一行三昧念佛法門：

> 其信禪師……又依《文殊說般若經》一行三昧，即念佛心是佛，妄念是凡夫。《文殊說般若經》云：「文殊師利言：『世尊！云何名一行三昧？』佛（言）：『法界一相，繫緣法界，是名一行三昧。如法界緣，不退不壞，不思不議，無礙無相。善男子！善女人！欲入一行三昧，應處空閒，捨諸亂意。不取相貌，繫心一佛，專稱名字。隨佛方便所，端身正向，能於一佛，念念相續，即是念中能見過去、未來、現在諸佛。……如是入一行三昧者，盡知恒沙諸佛法界，無差別相。』」❽

---

❽ 引見《大正藏》卷 85，頁 1286，下-1287，上。其中，「隨佛方所」一句，原爲「隨佛方便所」。但《大正藏》卷 85 原註釋56指出，在其他的版本中又作「隨佛方所」。現依文意，採用其他版本的句子。另外，「佛（言）：法界一相……」一句中的「言」字，原文缺漏，現依《文殊說般若經》卷下的原文而補入（詳見《大正藏》卷 8，頁 731，上）。

引文中說到道信採用《文殊說般若經》中的「一行三昧」的念佛方便，來傳播禪法。這裏所謂的《文殊說般若經》，是指梁‧曼陀羅仙所譯的二卷本《文殊師利所說摩訶般若波羅蜜經》。依據原經，「一行三昧」這一念佛法門，有底下的特色：（1）「應處空閒，捨諸亂意」：亦卽關一清淨的地方，內心不胡思亂想。（2）「隨佛方所」，乃至「不取相貌，繫心一佛，專稱名字」：雖然念佛者必須面對佛像，所謂「隨佛方所」；但是並不是「觀相念佛」，亦卽不想像所念之佛的樣子——「不取相貌」，修習者只要專心稱念佛號卽可❹。（3）「繫緣法界」，而證入「法界一相」的道理之中；亦卽藉著專心稱念佛號的入定方便，而悟入整個「法界」混成，只有「一相」的境地。（4）當一行三昧修成之時，卽能「見過去、未來、現在諸佛」，而不是只見到自己所稱念之佛；而且，「盡知恒沙諸佛法界無差別相」。

　　在這以上所說的四點特色之中，第（3）、（4）點是最重要的；事實上，一行三昧名字的來源，應該也和這兩點有關。第（4）點說，像印度恒河中的沙粒那麼多的諸佛「法界」，都完全平等而「無差別相」。這是修習一行三昧之後的結果。而其修習的方法，雖然說到了（1）～（3）點，但是第（3）點才是關鍵所在。第（3）點說，修習一行三昧的行者，必須「繫緣法界」，亦卽把心意集中在「法界」之上，體悟千差萬別的「法界」，其實都是「一相」。在這裏，「法界」可以理解爲整個宇宙，也可

---

❹ 原經文並沒有說到所稱唸的佛號到底是什麼佛號。因此，道信所提倡的這一唸佛法門，到底稱唸什麼佛號，也就不清楚了。不過，當時稱唸「南無阿彌陀佛」的淨土宗開始盛行起來；因此推測道信所提倡的唸佛法門，應該也是唱唸「南無阿彌陀佛」吧？

以理解爲宇宙萬法的本質❺⓪。「一相」，其實就是第（4）點所說的「無差別相」。像這樣，集中心意於佛號的稱念，以達到一切事物「一相」而「無差別相」的境地，無疑地，即是「一行」（專一而修行）一詞的本意。

《楞伽師資記・道信傳》還說：道信曾撰有《菩薩戒法》一本，並且依照《楞伽經》中「諸佛心第一」的說法，製作了《入道安心要方便門》一書❺❶。這樣看來，道信的禪法至少有兩個特色：（1）（菩薩）戒與禪合一；（2）（四卷本）《楞伽經》與《（文殊說）般若經》合一❺❷。這樣的禪法，有什麼具體的內容呢？這從《楞伽師資記・道信傳》所引述的《入道安心要方便門》原文，可以看出端倪：

　　略而言之，凡有五種：一者、知心體：體性清淨，體與佛

---

❺⓪　「法界」（dharma-dhātu）一詞，有兩個意思：一是諸法之分界（範圍），指的是整個宇宙；另一則是諸法之本質。梵文 dhātu，譯爲「界」，有範圍和本質、要素等兩個意思。（參見中村元，《佛教語大辭典》，日本・東京：東京書籍株式會社，昭和 50 年〔2 版〕，下卷，頁 1249，中-下。）

❺❶　詳見《大正藏》卷 85，頁 1286，下。其中，《楞伽經》的「諸佛心第一」，應該是指四卷本《楞伽經》卷 1 中的兩句偈文：「大乘諸度門，諸佛心第一。」（引見《大正藏》卷 16，頁 481，下。）而在這裏，所謂的「心」，自然是指「如來藏心」。事實上，現存《大正藏》本中的四卷本《楞伽經》，在「諸佛心第一」一句下，曾有這樣的附註：「此心如樹木堅實心，非念慮心也。」（同前引。）

❺❷　道信禪法的這兩個特色，是印順，《中國禪宗史》，頁 53-57，所提到的。事實上，他還說到了道信禪法的另外一個特色——念佛與成佛合一。

同；二者、知心用：用生法寶，起作恒寂，萬惑皆如；三
者、常覺不停：覺心在前，覺法無相；四者、常觀身空
寂，內外通同，入身於法界之中，未曾有礙；五者、守一
不移：動靜常住，能令學者明見佛性，早入定門。㊣

其中，所謂「知心體」，修行者所應「知」者，即是前文所說
「諸佛心第一」中的「心」；那是本性清淨，與「佛心」沒有本
質上之差別的「眾生心」。修行者也應知道這一意義的「心」，
有其「生法寶」、「起作恒寂」的功能、作用。而且，修行者之
所以能夠恒常地體悟諸法「無相」，也是這一「心」的作用。這
即是引文中所說到的前三者。第四和第五則屬實際修行的方法。
第四的「常觀身空寂，內外通同」等，可以說是修行的結果；
而其原因則在第五之「守一不移」。

　　守一不移，《入道安心要方便門》有這樣的說明：

　　　守一不移者，以此空淨眼，注意看一物，無問晝夜時，專
　　　精常不動。其心欲馳散，急手還攝來。如繩繫鳥足，欲飛
　　　還掣取。終日看不已，泯然心自定。㊣

從引文可以看出，道信所謂的「守一不移」，其實即是以「空淨
眼」（內心無所求之「心眼」），「注意看（觀想）一物」的方
便，而達到「泯然心自定」的禪定狀態。這種禪定，注重「坐」

㊣　引見《大正藏》卷85，頁1288，上。

㊣　《楞伽師資記・道信傳》；引見《大正藏》卷85，頁1288，中。
　　其中，有些字句乃依《大正藏》原注，加以修改而成。

的工夫。在「坐」功之下，試圖體悟「法界一相」乃至「無差別相」的境界；這一境界，前文已經論及，乃是《楞伽》與《（文殊）般若》兩經思想合一的境界。所以，道信又說：

> 若初學坐禪時，於一靜處，真觀身心，四大、五陰，眼、
> 耳、鼻、舌、身、意，及貪、嗔、癡，若善、若惡，若
> 怨、若親，若凡、若聖，及至一切諸狀，應當觀察：從本
> 以來空寂，不生不滅，平等無二。從本以來無所有，究竟
> 寂滅。從本以來清淨解脫。不問晝夜，行、住、坐、臥，
> 常作此觀。❺

　　中國禪的第五代祖師——弘忍禪師（602～675），把道信的這一禪法，用更簡單易行的方便，而發揚光大起來。唐・杜朏，《傳法寶紀》，曾簡要地記錄弘忍禪法的特色，及其成功的原因：「及忍、如、大通之世，則法門大啓，根機不擇，齊速念佛名，令淨心。」❺引文中的「忍」是弘忍，「如」是法如，「大通」是神秀；後二皆是弘忍的弟子。也就是說，弘忍和他的弟子輩，都大開善門，廣收學徒。而其禪法的方便，則是「齊速念佛名，令淨心」。其中，「齊速念佛名」，無疑地，是承緒了道信所開展出來的「一行三昧」念佛法門。而「令淨心」，和前文所說道信禪法中修習「守一不移」，而達到「泯然心自定」的狀態相同；這乃是修習這一念佛法門的結果。《楞伽師資記・道信傳》，曾引述道信《入道安心要方便門》中的一段問答，從這段問答可

---

❺ 引見《大正藏》卷 85，頁 1288，下。

❺ 引見柳田聖山，《初期禪宗史書の研究》，頁 570。

以了解「（令）淨心」的本意：

> （問：）「云何能得悟解法相，心得明淨？」信曰：「亦
> 不念佛，亦不捉心，亦不看心，亦不計心，亦不思惟，亦
> 不觀行，亦不散亂，直任運……獨一淨清、究竟處，心自
> 明淨。或可諦看，心即得明淨，心如明鏡。或可一年，心
> 更明淨。或可三五年，心更明淨。……眾生不悟心性本來
> 常清淨，故為學者，取悟不同，有如此差別。……」❺❼

引文中說到了眾生的「心性」，本來是「常清淨」的。但是眾生
卻不能體悟這一道理，因此必須依據眾生的根機不同，或是教以
不念佛、不捉心、不看心、不計心的法門，或是教以「諦看」，
亦即念佛、捉心、看心、計心的法門，以體悟心性本淨的道理。
然而，前文已經說過，種種文獻告訴我們，道信乃至弘忍的禪
法，雖有強調「不念佛、不捉心、不看心、不計心」的一面，但
他們所推廣的卻是「念佛、捉心、看心、計心」的另外一面。透
過「念佛」乃至「計心」的這一方便，而達到心性本淨這一道理
的徹底體悟；這即是道信和弘忍的禪法。而弘忍所謂的「齊速念
佛名，令淨心」，所指的也正是這種禪法。

　　事實上，有一部傳說是弘忍所撰，但實際上可能是其弟子
所編的小書——《最上乘論》❺❽，強調「凝然守心」、「了然守

---

❺❼　引見《大正藏》卷 85，頁 1287，中。

❺❽　依照印順，《中國禪宗史》，頁 76-77 的說法，《最上乘論》又名
　　《導凡趣聖悟解脫宗修心要論》。它不是弘忍親手所撰，但卻代表
　　東山法門下「觀心一流」的禪法。

心」、「守本真心」、「守心第一」。以爲「但能凝然守心，妄念不生，涅槃法自然顯現」、「此守心者，乃是涅槃之根本、入道之要門、十二部經之宗、三世諸佛之祖」❺❾。而其「守心」的具體方法，則和道信「守一不移」的禪法，並沒有什麼差別：

> 若有初心學坐禪者，依《觀無量壽經》，端坐正念，閉目合口。心前平視，隨意近遠，作一日想。守真心，念念莫住。……但於行、住、坐、臥中，常了然守本真心。❻⓪

而引文中所要「守」的「（真）心」，則是「自性圓滿淸淨之心」，是「本來淸淨」的「自心」❻❶。這樣意義的「真心」，顯然和經驗中具有認識外境作用的「妄心」不同。因此，一般人必須透過「懲（徵）心」（探求心）的禪修工夫，才能體悟自己本具的「真心」。無疑地，這種「徵心」的禪功，和道信的「看心」也沒有什麼本質上的差別：

> 好自閒靜身心，一切無所攀緣，端坐正念，善調氣息。懲

---

❺❾ 詳見《大正藏》卷 48，頁 377，上–379，中。

❻⓪ 引見前書，頁 378，上–中。引文中的《觀無量壽經》，又名《十六觀經》，是一部敎導人們觀想西方極樂世界聖境的佛經，乃「淨土三經」之一。（另外二經是《無量壽經》和《阿彌陀經》，前者又稱「大《阿彌陀經》」，後者又稱「小《阿彌陀經》」。）《觀無量壽經》所說的觀想極樂世界的方法，共有十六觀；其中第一觀是「落日觀」，想像眼前有一輪落日，直至開眼、閉眼都見到日輪。無疑地，這卽是目前引文中所說的「作一日想」。

❻❶ 詳見《大正藏》卷 48，頁 377，上–中。

（應是「徵」字之誤）其心，不在內，不在外，不在中間。好好如如穩看，看熟則了見此心識流動，猶如水流、陽燄，曄曄不住。既見此識時，唯是不內不外。緩緩如如穩看，看熟則返覆銷融，虛凝湛住。其此流動之識，颯然自滅。……此識滅已，其心卽虛凝寂，淡泊皎潔泰然，吾更不能說其形狀。❻❷

事實上，弘忍除了提倡「齊速念佛名」、「守（眞）心」、「徵心」之外，還提倡一種「向心中看一字」的法門，這也和道信的「看心」法門相似。《楞伽師資記‧第六唐朝蘄州雙峰山幽居寺大師（弘忍）傳》，記載了弘忍對弟子們的一段開示：

> 爾坐時平面端身正坐，寬放身心，盡空際遠看一字。自有次第：若初心人攀緣多，且向心中看一字。證後坐時，狀若曠野澤中，迥處獨一高山，山上露地坐。四顧遠看，無有邊畔。坐時滿世界，寬放身心，住佛境界。清淨法身，無有邊畔，其狀亦如是。❻❸

弘忍的禪法應該受到相當的歡迎；《南宗頓教最上大乘摩訶般若波羅蜜經六祖惠能大師於韶州大梵寺施法壇經》（下文簡稱為「敦煌本《壇經》」），說到弘忍有「門人千餘衆」❻❹。《楞伽師資記‧弘忍傳》也說：「時四方請益……月逾千計。」❻❺另

---

❻❷ 引見《大正藏》卷48，頁379，上。
❻❸ 引見前書，頁 1289，下-1290，上。
❻❹ 詳見前書，卷48，頁337，上。
❻❺ 引見前書，卷85，頁1289，中-下。

外，《傳法寶紀》，也說：「（二）十餘年間，道俗受學者，天下十八九，自東夏禪匠傳化，乃莫之過！」❻❻而唐‧武則天，當她聽說弘忍的弟子神秀，自稱是「東山法門」的弟子時，也稱讚說：「若論修道，更不過東山法門！」❻❼由此可見，弘忍禪法受到當時人之歡迎和尊敬的程度。

弘忍所住錫的地方——憑茂山，位於道信所住錫的雙峰山東邊，因此被稱爲「東山」，而弘忍本人也被稱爲「東山法師」，他所弘揚的禪法則被稱爲「東山淨門」、「東山法門」或「東山宗」❻❽。東山法門下的弟子，雖有千人之多（詳前文），但是主要弟子卻只有十人，他們是：

（弘忍）又曰：「如吾一生，教人無數，好者並亡。後傳吾道者，只可十耳！我與神秀論《楞伽經》，玄理通快，必多利益。資州智詵、白松山劉主簿，兼有文性。莘州惠藏、隨州玄約，憶不見之。嵩山老安，深有道行。潞州法如、韶州惠能、揚州高麗僧智德，此共堪爲人師，但一方人物。越州義方，仍便講說。」又語玄賾曰：「汝之兼行，善自保愛。吾涅槃後，汝與神秀，當以佛日再暉，心

❻❻ 引見印順，《中國禪宗史》，頁72。

❻❼ 《楞伽師資記‧第七唐朝荊州玉泉寺大師傳》；引見《大正藏》卷85，頁 1290，中。

❻❽ 詳見《歷代法寶記‧唐朝第五祖弘忍禪師傳》（《大正藏》卷51，頁182，上）；《楞伽師資記‧弘忍傳》（同前書，卷85，頁1289，中）。其中，「東山淨門」的意義不清楚，可能和弘忍弘揚「齊速念佛名」的念佛（淨土）法門有關。但也可能和其「令淨心」的禪法有關。

燈重照！」⑲

引文中雖然說到「只可十耳」，但實際上卻是十一人，多出了玄賾。事實上，弘忍有「十大弟子」，許多文獻都說到，但名字卻有很大的出入。上面所引《楞伽師資記・弘忍傳》的「十（一）人」，是目前所找到的最早說法。另外，《歷代法寶記》，以及唐・宗密的《圓覺經大疏釋義鈔》卷3之下，也各自說到了不同的「十人」⑳。這些差異，代表弘忍下不同派系的不同傳說。而眞正的「十人」，依照印順，《中國禪宗史》的考據，應該是：荊州神秀、潞州法如、安州玄賾、資州智詵、華州慧藏、隋州玄約、嵩山老安、揚州（高麗僧）智德、白松山劉主簿、韶州慧能㉑。其中，神秀和慧能（惠能）是最重要的，我們將在下面各章節中討論他們。

㉙　《楞伽師資記・弘忍傳》；引見《大正藏》卷85，頁1289，下。

㉚　其中，《歷代法寶記》說到的十人是：「除惠能，餘有十爾：神秀師、智詵師、玄賾（原作『蹟』）師、老安師、法如師、惠藏師、玄約師、劉主（原作『王』）簿。」（引見《大正藏》卷51，頁182，上-中。）名爲「十人」，其實也是十一人。而《圓覺經大疏釋義鈔》的十人則是：「（弘忍）大師廣開教法，學徒千萬。於中，久在左右，陞堂入室者，即荊州神秀、潞州法如、襄州通、資州智詵、越州義芳、華州慧藏、蘄州顯、提州覺、嵩山老安。並是一方領袖。……後有嶺南新州盧行者……遂授密語，付以法衣。」（引見《卍續藏經》冊14，頁277，a。）名爲「十人」，其實只說到九人。加上「盧行者」（惠能），才成十人。

㉛　詳見印順，《中國禪宗史》，頁81-84。

第二章　惠能的生平

第一節　求法中的惠能

有關惠能禪師❶生卒年的記載，在現有的文獻當中，有著極大的差異。依照柳宗元，寫於唐・憲宗元和 10 年（815 年）的〈曹溪第六祖賜諡大鑒禪師碑〉一文看來，大鑒禪師❷在當時已經「去世百有六年」❸。另外，劉禹錫，〈曹溪六祖大鑒禪師第二碑〉一文，也有相同的說法：惠能逝世後，「百有六年而諡」❹。依此推算，惠能應該逝世於唐・睿宗景雲元年，亦即西元710 年。但是，敦煌本《壇經》，亦即《南宗頓教最上大乘摩訶般若波羅蜜經六祖惠能大師於韶州大梵寺施法壇經》，卻有不同

---

❶ 惠能一名，唐代的文獻又作慧能。原來，在唐代，惠與慧通用。惠能的弟子——法海，曾撰有〈六祖大師法寶壇經略序〉，其中說：「……母李氏，誕（惠能大）師於唐貞觀十二年戊戌歲二月八日子時……有二異僧造謁，謂師之父曰：『夜來生兒，專爲安名。可上惠下能也。』父曰：『何名惠能?』僧曰：『惠者，以法惠施衆生。能者，能作佛事。』言畢而出，不知所之。」（引見《全唐文》，卷 915。）這樣看來，「惠能」一名似乎才是正確的。

❷ 大鑒，是唐・憲宗皇帝對於惠能禪師的追諡。（參見宋・贊寧，《宋高僧傳・卷 8・唐韶州今南華寺慧能傳》；引見《大正藏》卷50，頁 755，下。）

❸ 參見《全唐文》卷 587。

❹ 參見前書，卷 610。

的說法：「（惠能）大師先天二年八月三日滅度。」❺ 這樣看來，惠能則是逝世於西元 713 年❻，而不是西元 710 年。這種矛盾，印順法師以爲「不是異說，只是推算上的錯誤」，「柳宗元與劉禹錫……不一定經過自己精密的推算，而只是依據禪者的傳說，極可能是根據當時流行的《曹溪大師別傳》」❼。然而，柳宗元和劉禹錫所根據的《曹溪大師別傳》，對於惠能逝世的年代，卻有極不正確的記載❽。因此，本書採取敦煌本《壇經》的說法（這也是印順法師所採取的說法），把惠能的卒年定爲先天二年，也就是西元 713 年。

　　確定了惠能的逝世年代之後，惠能生年的推斷，就變得簡單多了。依照敦煌本《壇經》的說法：「（惠能）大師春秋七十有六。」❾這樣看來，惠能的生年應該是唐・太宗貞觀 12 年，也就是西元 638 年。事實上，這一說法，正好和惠能的弟子——法海，在其〈六祖大師法寶壇經略序〉一文中的說法一致：「大師……父盧氏，諱行瑫，母李氏，誕師於唐・貞觀十二年戊戌歲二月八日子時。」❿

---

❺　引見《大正藏》卷 48，頁 343，下。

❻　唐・玄宗，先天元年爲 A.D.712 年；A.D.713 年改元開元元年。因此，先天二年，應是 A.D.713 年。

❼　詳見印順，《中國禪宗史》，臺北：慧日講堂，1978（3 版），頁 176。

❽　該《傳》說：「（惠能）先天二年壬子歲滅度，至唐建中二年，計當七十一年。」（引見《卍續藏》冊 146，頁 486-d。）但是，唐・先天二年，應是癸丑歲，而非壬子歲。這樣一來，從先天二年（713年）到建中二年（781 年），應是六十九年，而非七十一年。

❾　引見《大正藏》卷 48，頁 345，上。

❿　引見《全唐文》卷 915。

　　惠能的父親盧行瑫⑪，「本官范陽」⑫，也就是說，原本是范陽（河北大興、宛平、昌平、房山、安、寶坻等縣）的小官。但也有文獻告訴我們，范陽可能也是惠能的本籍。例如，宋・贊寧，《宋高僧傳・卷 8・唐韶州今南華寺慧能傳》，即說：惠能的祖先，「本世居范陽」⑬。後來，惠能的父親──盧行瑫，卻「左降遷流（嶺）南新州百姓」。嶺南新州，是指大禹嶺南邊的新州，即今廣東新興縣。盧行瑫在惠能年紀尚小的時候就過世了⑭，以致家中「艱辛貧乏，於市賣⑮柴」。一天，惠能照例挑柴到街上去賣，聽到一位客人正在讀誦《金剛經》⑯，心中若有所悟。並向客人探知《金剛經》本，是向蘄州（湖北）黃梅縣東憑墓山上的五祖弘忍和尚那裏請來的。弘忍和尚「門人有千餘衆」，常常「勸道俗但持《金剛經》一卷，即得見性，直了成佛」。惠能一聽，就直覺到「宿業有緣」；於是，辭別了

⑪　本節本項中有關惠能的生平事跡，以敦煌本《壇經》爲骨架，並輔以其他文獻而寫成。凡是引文而沒有寫明出處的，都請參見《大正藏》卷 48，頁 337，上–338，上。

⑫　《神會語錄》當中，「本官范陽」作「本貫范陽」。（參見印順，《中國禪宗史》，頁 188。）這樣看來，也有可能是：惠能的原籍是范陽。

⑬　詳見《大正藏》卷 50，頁 754，下。事實上，宗寶本《壇經》──《六祖大師法寶壇經・行由第一》，也說：「惠能嚴父，本貫范陽。」（引見《大正藏》卷 48，頁 348，上。）

⑭　《曹溪大師別傳》說：惠能「三歲而孤」。（詳見《卍續藏》冊 147，頁 483，c。）

⑮　敦煌本《壇經》，原作「買柴」；現依其他文獻及前後文意，改正爲「賣柴」。

⑯　《金剛經》前後至少有六個譯本，這裏應指流傳最廣的《金剛般若波羅蜜經》，一卷，姚秦・鳩摩羅什譯。

母親⑰，「往黃梅憑墓山，禮拜五祖弘忍和尚」。

　　宗寶本《壇經》⑱——《六祖大師法寶壇經‧行由第一》，曾說：「不經三十餘日，便至黃梅禮拜五祖。」⑲但是，《曹溪大師別傳》卻有不同的說法⑳：當唐‧高宗咸亨元年（670 年），惠能三十歲時㉑，惠能曾住在韶州（廣東曲江縣）曹溪村的寶林寺。該寺乃梁‧武帝時，由天竺僧智藥所倡建。建成後，還預言百餘年後的惠能禪師，將會住持該寺㉒。不過，在此之前，惠能

---

⑰　較晚成立的「宗寶本《壇經》」——《六祖大師法寶壇經‧行由第一》，曾說：有一位客人給了惠能十兩銀子，「令充老母衣糧」。（詳見《大正藏》卷 48，頁 348，上。）而《祖堂集》則說：客人名安道誠，送給惠能一百兩銀子，做為安頓老母的生活費用。（詳見印順，《中國禪宗史》，頁 189。）

⑱　這是成立於宋代，由宗寶所編集的《壇經》。有關《壇經》的成立及其版本，將在第三章第二節中詳細討論。

⑲　詳見《大正藏》卷 48，頁 348，上。

⑳　本節中有關《曹溪大師別傳》中的說法，請參見《卍續藏》冊 146，頁 483，c–484，c。

㉑　詳見《卍續藏》冊 146，頁 483，c。但是，如果惠能的生年，的確如本節前面所說的，是貞觀 12 年（A.D. 638 年）的話，那麼，此時惠能的年齡應該是三十三歲才對。前文已經說過，《曹溪大師別傳》中的年代，常有錯誤。

㉒　依照《曹溪大師別傳》的說法，寶林寺是梁‧武帝「天監壬午元年」（502 年，元年原作九年，但壬午年應是元年），中天竺國那爛陀寺的智藥法師，到中國來之後，發動曹溪村民，歷經五年建造完成的。至於寶林寺的名字，則是因為智藥預言「一百七十年，有無上法寶於此地弘化，有學者如林」的緣故。（詳見《卍續藏》冊 146，頁 483，b–c。）一般相信，智藥的預言，是指惠能出家前，曾在此寺弘法一事。預言的可靠性，因此也受到學術界的質疑。另外，《景德傳燈錄‧卷 5‧第三十三祖慧能大師傳》，曾說：唐‧中宗神龍元年（705年），「勅改古寶林寺為中興寺。三年（707年）……又勅韶州刺史，重加崇飾，賜額為法泉寺。」（詳見《大正藏》卷 51，頁 255，下–236，上。）

還和曹溪村的劉志略，「結義兄弟」。劉志略有一位姑母，出家
爲尼，名無盡藏，「常誦《涅槃經》」。惠能常常聆聽無盡藏尼
所宣講的《涅槃經》，也常常和無盡藏尼討論《涅槃經》裏的道
理❷。由於惠能對於《涅槃經》有著高超的見解，以致「衆人聞
之，皆嗟歎曰：『見解如此，天機自悟，非人所及，堪可出家，
住此寶林寺。』」❷因此，惠能遂住在寶林寺，「修道經三年」
❷。不過，《宋高僧傳・卷8・唐韶州今南華寺慧能傳》，卻說：
惠能並沒有接受衆人的好意，「明日遂行至樂昌縣西石窟，依附
智遠禪師，侍座談玄」❷。依照《曹溪大師別傳》的記載，惠能
「投彼（智遠禪師）學坐禪」。後來，由於惠能聽到了惠紀禪師
唸誦《投陀經》，頓覺自己所學只是「空坐」。於是，咸亨五年
（674年），在惠紀禪師的勸告之下，離開曹溪，前往蘄州黃梅
縣，親近五祖弘忍禪師。但是，《宋高僧傳・慧能傳》卻說，那
是受到智遠禪師的勸告，惠能才前往親近弘忍大師的❷。也許這

❷　《曹溪大師別傳》，說：「（惠能）大師晝與略役力，夜卽聽（無
　　盡藏尼）講《（涅槃）經》。至明，爲無盡藏尼解釋《經》義。」
　　而所解釋的《涅槃經》義當中，曾有「佛性之理，非關文字能解」
　　之類的道理。（詳見《卍續藏》冊146，頁483，c。）這樣看來，
　　惠能和無盡藏尼之間的關係，應該是亦師亦友的關係。另外，較晚
　　成立的宗寶本《壇經》──《六祖大師法寶壇經・機緣第七》，則
　　把有關無盡藏尼的這段事跡，列在惠能黃梅得法之後，重遊曹溪時
　　所發生的。（詳見《大正藏》卷48，頁355，上。）
❷　詳見《卍續藏》冊146，頁483，d。
❷　《宋高僧傳・慧能傳》中，並沒有說到惠能住錫在寶林寺。相反
　　地，還說惠能拒絕了曹溪村民的住寺請求，並於隔日離開曹溪村，
　　去到樂昌縣西石窟，跟從智遠禪師學法。
❷　詳見《大正藏》卷50，頁754，下。
❷　詳見《大正藏》卷50，頁754，下。

並沒有矛盾：惠能是同時受到智遠和惠紀兩位禪師的勸告，才前去弘忍那裏學禪的。《曹溪大師別傳》的這些說法，在年代上都和一般的說法不同❷❽。但卻透露出一則寶貴的消息：惠能在親近弘忍之前，曾在曹溪住過，並和無盡藏尼討論（學習？）《涅槃經》義。另外，還值得注意的是，在這些傳說當中，惠能都是一個不識字或至少是識字不多的鄉巴佬❷❾。也許這和後代禪宗強調「不立文字，教外別傳」的傳統有關吧？

　　依照敦煌本《壇經》的記載，惠能見到弘忍大師時❸❶，曾展開一場饒富禪趣的辯論：

---

❷❽ 其中原因及正確年代的考證，請參見印順，《中國禪宗史》，頁180-187。

❷❾ 例如敦煌本《壇經》即說：「（惠）能即禮拜，爲不識字，請一人讀。」（引見《大正藏》卷48，頁338，上。）又如《曹溪大師別傳》當中，在描述惠能和無盡藏尼討論《涅槃經》義時，即說：「大師晝與（劉志）略役力，夜即聽《經》。至明，爲無盡藏尼解釋《經》義。尼將《經》與讀，大師曰：『不識文字。』尼曰：『既不識字，如何解釋其義？』大師曰：『佛性之理，非關文字能解。今不識文字何怪？』……」（引見《卍續藏》冊146，頁483，c。）另外，《宋高僧傳（卷8）‧慧能傳》，也有類似的記載：「略有姑無盡藏，恆讀《涅槃經》。能聽之，即爲尼辨析中義。怪能不識文字，乃曰：『諸佛理論，若取文字，非佛意也。』尼深歎服，號爲行者。」（引見《大正藏》卷50，頁754，下。）

❸❶ 惠能到底幾歲來到弘忍門下，也有許多不同的傳說。《曹溪大師別傳》說：「咸亨五年，（惠能）大師春秋三十有四」，受到惠紀禪師的指點，去到弘忍那裏學法。（詳見《卍續藏》冊146，頁483，d。）《宋高僧傳‧慧能傳》也說：「咸亨中，往韶陽，遇劉志略」，不久才受（智）遠禪師的指點，前去親近弘忍。（詳見《大正藏》卷50，頁754，下。）咸亨（670～674）是唐高宗的年號，咸亨五年，應即上元元年，A.D.674年。如果正如前文所說，惠能確實生於貞觀十二年（638年），那麼，咸亨五年，惠能應爲三十七歲，

弘忍和尚問惠能曰：「汝何方人，來此山禮拜吾？汝今向
吾邊，復求何物？」惠能答曰：「弟子是領南人，新州百
姓。今故遠來禮拜和尚，不求餘物，唯求佛法作。」大師
遂責惠能曰：「汝是領南人，又是獦獠，若為堪作佛！」
惠能答曰：「人即有南北，佛姓（性）即無南北。獦獠身
與和尚身不同，佛姓（性）有何差別？」❸

無疑地，惠能的回答中，所說到的「佛性」觀念，來自他向無盡
藏尼所學習的《涅槃經》。《大般涅槃經》卷 9 曾說：「一切衆
生悉有佛性。」同經卷 10，又說：「一切衆生同一佛性，無有
差別。」❸這和對話中，惠能所了解的「佛性」觀念，顯然相去
不遠❸。

（續❸）　而非三十四歲。其次，《歷代法寶記・唐朝第六祖韶州漕溪能禪師
　　　傳》卻說：「年二十二，來至憑茂山，禮忍大師。」（引見《大正
　　　藏》卷 51，頁 182，中。）唐・宗密，《圓覺經大疏鈔》卷 3-下，
　　　則完全接受了這一說法。（詳見《卍續藏》冊 14，頁 277，a。）
　　　另外，法海，〈六祖大師法寶壇經略序〉，則說：「年二十有四，
　　　聞經悟道，往黃梅，求印可。」（引見《全唐文》，卷 915。）
　　　印順，《中國禪宗史》，曾對這些異說做了詳細的討論，並把惠能
　　　見弘忍的時間，定在 661 年，惠能二十四歲時。

❸　引見《大正藏》卷 48，頁 337，上-中。引文中的領南，應是嶺南
　　（大禹嶺之南）的誤寫；指的是現在的廣東省，惠能的第二故鄉。
　　獦獠乃短嘴狗的意思，是當時中原地帶的漢人，對於邊疆地區居民
　　的歧視稱呼。另外，佛姓應是佛性之誤。

❸　引見《大正藏》卷 12，頁 419，上；頁 423，上。

❸　《宋高僧傳・卷 8・慧能傳》中，對於弘忍和惠能問答，有更接近
　　《涅槃經》佛性思想的描寫：「忍曰：『汝是嶺南人，無佛性！』
　　能曰：『人有南北，佛性無南北。』……」（引見《大正藏》卷50，
　　頁 754，下。）

於是，在對答如流之後，弘忍「遂發遣惠能，令隨衆作務」❸❹。當時有一行者，「遂差惠能於碓坊，踏碓八個餘月」❸❺。依照宗寶本《壇經》──《六祖大師法寶壇經‧行由第一》的說法，在這八個餘月當中，惠能爲了顧忌師兄弟們的妒嫉，「不敢行至堂前，令人不覺」❸❻。這一傳說，不過是在強調惠能的聰明而能無師自通罷了。事實上，唐‧王維，〈六祖能禪師碑銘〉，即有不同的記載：「每（弘忍）大師登座，學衆盈庭。中有三乘之根，共聽一音之法。（惠能）禪師默然受教，曾不起予；退省其私，迴超無我。」❸❼ 這一記載，明白地說到：惠能曾經參與大衆，（到前堂）聆聽弘忍的說法。惠能不曾聽聞弘忍的說法，而榮膺禪宗第六代祖師的傳說，不過是在突顯惠能的智慧過人罷了。

一天，弘忍向弟子們宣稱：「自取本姓（性）般若知之，各作一偈呈吾。吾看汝偈，若吾（悟？）大意者，付汝衣法，稟爲六代，火急急！」也就是說，弘忍預備找一個能夠繼承衣鉢，成

---

❸❹ 敦煌本《壇經》僅含蓄地說：「大師欲更共議，見左右在傍邊，大師更不言。」（引見《大正藏》卷 48，頁 337，中。）而宗寶本《壇經‧行由第一》，則增加了一段問答，更露骨地說：「五祖更欲與語，且見徒衆總在左右，乃令隨衆作務。惠能曰：『惠能啓和尙，弟子自心常生智慧，不離自性，卽是福田。未審和尙敎作何務？』祖云：『這獦獠根性大利，汝更勿言，著槽廠去！』……」（引見前書，頁 384，上。）

❸❺ 《宋高僧傳‧卷 8‧慧能傳》說：惠能自願在碓房「竭力抱石而舂供衆」。（詳見《大正藏》卷 50，頁 754，下。）《曹溪大師別傳》則說：弘忍令惠能「入廚供養，經八個月」。後來，惠能「仍踏碓，自嫌身輕，乃繫大石著腰，墜碓令重，遂損腰腳」。（引見《卍續藏》冊 146，頁 483，d。）

❸❻ 詳見《大正藏》卷 48，頁 348，上。

❸❼ 引見《全唐文》卷 327。

爲第六代祖師的傳人。他要求弟子們撰寫一首詩偈，來表達內心所悟得的道理。資格最老的神秀禪師（？～706），好不容易才寫出一首詩偈❸，又不敢直接交給弘忍；於是半夜三更，把它偷偷寫在寺裏的走廊牆壁上。這首詩偈是：「身是菩提樹，心如明鏡臺，時時勤拂拭，莫使有塵埃！」

　　一日，一個童子，走過了惠能工作的碓坊，口裏唱著神秀的詩偈。「惠能一聞，知未見姓（性）」，於是向童子說：「我此踏碓八個餘月，未至堂前。」並要求童子引領他到堂前，向神秀的詩偈禮拜，「結來生緣」。來到神秀的偈前禮拜後，惠能也作了兩首詩偈，並請一位「解書人」❸，爲他把詩寫在另外一面牆壁上。這兩首詩偈是：「菩提本無樹，明鏡亦無臺，佛姓（性）常青（清）淨，何處染塵埃！」（其一）「心是菩提樹，身爲明鏡臺，明鏡本清淨，何處染塵埃！」（其二）在這兩首詩偈當中，都含有濃厚的「佛性」思想；無疑地，那是來自於四卷本《楞伽經》和《涅槃經》。但是，依照較晚成立的宗寶本《壇經》的記載，惠能所作詩偈只有下面的一首：「菩提本無樹，明鏡亦非臺，本來無一物，何處惹塵埃！」❹這首詩偈「空靈」了

---

❸　原文稱爲「無相偈」。稱爲「無相偈」，意義不明；大約是原來要請「畫人盧玲」，在南廊的牆壁上，畫「楞伽變」（將《楞伽經》文畫成圖畫），現在有了四句偈，「楞伽變」就省下不畫。「楞伽變」是有形相的，神秀的四句偈則是無形相的，因此神秀的四句偈稱爲「無相偈」。另外，無相也可以是用來稱讚神秀偈的內容，已經到達「空靈」的最高境地了。

❸　宗寶本《壇經・行由第一》，說這一「解書人」，是江州別駕（州刺史之左使）──張日用。（詳見《大正藏》卷48，頁348，下。）

❹　《六祖大師法寶壇經・行由第一》；引見《大正藏》卷48，頁349，上。

許多，想必受到《金剛經》的深重影響。後代禪宗受到《金剛
經》的影響越來越深，因此，詩偈從強調「佛性」，轉變而成
「空靈」，應該是可以理解的。

　　弘忍看到了惠能的這兩（一）首詩偈之後，一方面告訴衆弟
子：「此亦未得了！」❹二方面卻在三更時刻，「喚惠能堂內，
說《金剛經》」。而惠能「一聞，言下便伍（悟）。其夜受法，
人盡不知，便傳頓法及衣。」❷弘忍並向惠能說：「汝爲六代祖，
衣將爲信禀，代代相傳，法以心傳心，當令自悟。」是夜，弘忍
親自送惠能到九江驛搭船南下❸；並吩咐惠能：「汝去努力，將

────────────

❹ 宗寶本《壇經·行由第一》，有更加詳細的說明：「祖見衆人驚怪，
　恐人損害，遂將鞋擦了偈，曰：『亦未見性！』衆以爲然。」（引
　見《大正藏》卷48，頁349，上。）

❷ 宗寶本《壇經·行由第一》還說：當弘忍解釋到《金剛經》的經
　句──「應無所住而生其心」時，「惠能言下大悟：一切萬法不離
　自性」。因而開口向弘忍說：「何期自性本自清淨！何期自性本不
　生滅！何期自性本自具足！何期自性本無動搖！何期自性能生萬
　法！」（引見《大正藏》卷48，頁349，上。）其中，「自性」一詞
　即是「佛性」的代名詞；我們將在本書第四章第二節中詳細討論。

❸ 九江，指的是湖北省廣濟、黃梅，以及安徽省宿松、望江等縣境
　的江水。驛，是古代運送軍情的通訊站。《歷代法寶記·唐朝第六
　祖韶州漕溪能禪師傳》，甚至還說：「（弘忍）大師自送，過九江
　驛，看（惠能）渡大江已，卻回歸。」（引見《大正藏》卷51，
　頁 183，中。）印順，《中國禪宗史》，頁 191，認爲：弘忍送惠
　能到九江驛又趕回一事，是不可靠的說法。他說：「弘忍送行，只
　是送惠能去九江驛，並非送到九江驛，而且當夜回來。不知憑墓山
　在（長）江北，離江邊也有一段路，九江驛在江南。當時是三更半
　夜，怎能去了又回？這顯然是沒有注意地理，在傳說中變爲奇蹟
　了！」

法向南。三年勿弘此法……。」

　　惠能「兩月中間，至大庚（庾？）嶺」，不料後面有數百人追趕，「來欲擬頭惠能（取惠能頭？），奪於法」。後來，得到曾是「三品將軍」的僧人——陳惠順❹的幫助，才脫險而去。

　　如果弘忍傳法、惠能得法，乃至師兄弟們追趕的傳說屬實，那麼必有背後的原因。原來，弘忍先是屬意於神秀，想把第六祖的位置傳給神秀。神秀是一位「老莊元旨，書易大義，三乘經論，四分律儀，說通訓詁」等典籍都通達的高僧。天命之年皈依弘忍，在弘忍身邊「服勤六年，不捨晝夜」，成了弘忍最得力的助手。弘忍曾讚歎說：「東山之法，盡在秀矣！」並且還「命之洗足，引之並坐」❺。因此，在師兄弟們的眼裏，神秀必然是一個受到極高尊敬的人。但是，最後第六祖的位置卻落在一個一字不識（識字不多？），而又新來的師弟身上；這也就難怪師兄弟們含有不平之心了。

---

　　❹　宗寶本《壇經·行由第一》說，追趕惠能的人是四品將軍陳惠（慧）明。又說，惠能為惠明說法的內容是：「不思善，不思惡，正與麼時，那箇是明上座本來面目？」惠明「言下大悟」，成了惠能的第一個弟子。附註中還說，惠明後來改名道明，以避諱惠能的名字。（詳見《大正藏》卷48，頁349，中-下。）另外，《歷代法寶記·唐朝第六韶州漕溪能禪師傳》，還說：「其惠明禪師，後居象山，所出弟子亦只是看淨。」（引見《大正藏》卷51，頁182，中。）也就是說，惠明的弟子輩（恐怕包括惠明自己在內），仍然和神秀一系一樣，屬於「看淨」的禪法。這和惠能「不看心、不看淨」的禪法，顯然不同。（詳本書下面相關的各章節。）

　　❺　詳見《全唐文》卷 231。

第二節　隱遁與弘法

　　依照敦煌本《壇經》的說法，惠能曾向弘忍請教未來當去之
處，弘忍暗示地說：「逢懷則止，遇會則藏。」其中，「懷」被
指爲懷集（廣西蒼梧），「會」則被指爲四會（廣東粵海）。於
是，脫離了師兄弟的追趕之後，惠能來到了四會，「避難獵人隊
中，凡經一十五載」❹。

　　避難獵人隊中，「凡經一十五載」，是有爭議的。王維，〈六
祖能禪師碑銘〉，說到惠能「混農商於勞侶，如此積十六載」❹。
其次，傳說（但不一定眞正）是惠能弟子法海所撰的〈六祖大師
法寶壇經略序〉（又名〈六祖大師緣起外紀〉），也說：「（惠
能）南歸，隱遯一十六年。」❹這樣看來，惠能從離開弘忍到開
始弘法，這中間足足有十六年之久。但是，依據敦煌本《壇經》
的記載，弘忍曾吩咐惠能：「汝去努力將法向南，三年勿弘此
法！」而宗寶本《壇經》也說：「汝去三年，吾方逝世。汝今好
去，努力向南。不宜速說，佛法難起！」❹這意味著惠能離開弘
忍之後，三年之間藏在獵人隊中，未曾傳法。另外，《曹溪大師

----

❹　詳見《六祖大師法寶壇經・行由第一》；《大正藏》卷48，頁349，
　　中-下。另外，《五燈會元・卷1・六祖慧能大師傳》，則說：「忍
　　大師……令（惠能）隱於懷集、四會之間。」（引見《卍續藏》冊
　　138，頁19，ｂ。）其他，像《景德傳燈錄》、《傳法正宗記》等，
　　也和《五燈會元》具有相同的說法。
❹　引見《全唐文》卷327。
❹　引見前書，卷915。
❹　《六祖大師法寶壇經・行由第一》；引見《大正藏》卷48，頁349，
　　中。

別傳》則說：「（惠能）便於廣州四會、懷集兩縣界避難，經於
五年，在獵師中。」❺總之，惠能避難獵人隊中的年數，至少有
三年、五年、十五年和十六年等不同的幾種說法。其中，五年隱
遁的說法，印順，《中國禪宗史》，頁 212-214，認爲最爲可靠。

　　依照《曹溪大師別傳》、宗寶本《壇經・行由第一》，乃至
《宋高僧傳・慧能傳》的記載：離開獵人隊後，惠能選擇了廣州
法性寺（或制旨寺），做爲他開始弘法的第一站❺。在這裏，惠
能遇上了印宗法師，聆聽印宗法師講解《涅槃經》，並且和印宗
法師展開了一段對話。最後還在法性寺（制旨寺），跟隨印宗法
師出家❺。依據宗寶本《壇經》的記載，這整個過程是這樣的：
正當惠能首次踏入法性寺時，印宗法師正在宣說《涅槃經》。講座
中，有兩個僧人正在討論下面的問題：到底是風吹使得旛旗（寺
前三角旗）飄動？或是旛旗本身具有能動的性質？「一僧曰風動，
一僧曰旛動，議論不已」。惠能聽了，斷言：「不是風動，不是
旛動；仁者心動！」❺結果，「一衆駭然，印宗延至上席，徵詰

---

❺　引見《卍續藏》冊 146，頁 484，c。

❺　詳見《卍續藏》冊 146，頁 484，c。又見《大正藏》卷 48，頁
　　349，下。又見前書，卷 50，頁 755，上。

❺　本段有關惠能在法性寺聆聽印宗法師講解《涅槃經》，並隨印宗出
　　家的事跡，主要依宗寶本《壇經・行由第一》所說，並輔以其他文
　　獻。其中，宗寶本《壇經》所說內容，請參見《大正藏》卷 48，
　　頁 349，下-350，上。

❺　有關「風旛之爭」一事，《曹溪大師別傳》有不太相同的說法：參
　　加爭論的僧人共有四人。第一僧說：「幡是無情，因風而動。」第
　　二僧反問說：「風、幡俱是無情，如何得動？」第三僧說：「因緣
　　和合，故合動。」第四僧則說：「幡不動，風自動耳。」而惠能卻
　　說：「所言動者，人者心自動耳！」（詳見《卍續藏》冊 146，頁
　　484，c。）

奧義」。惠能和印宗之間，於是展開了一段有關《涅槃經》義的問答❺。印宗聽後非常歡喜，「於是爲惠能剃髮，願事爲師。惠能遂於菩提樹下，開東山法門」❺。

　　出家後的惠能，　曾住過韶州廣果寺；　這從唐朝日本留華僧——圓珍，從中國請去的《智證大師將來目錄》中，即可看出。在這部《目錄》中，　除了列有「《唐韶州曹溪釋慧能實錄》一本」之外，　還列有「〈大唐韶州廣果寺悟佛知見故能禪師之碑文〉一本」❺。足見惠能確實曾經住過韶州的廣果寺。然而，惠能長住的寺廟，卻是出家前所曾經來過的韶州曹溪寶林寺；這是

----

❺　惠能和印宗二人的對談，共有二點：（1）弘忍的「指授」是什麼？
　　惠能回答說：「指授卽無，　惟論見性，　不論禪定解脫。」（2）「佛
　　法是不二之法」、「無二之性卽是佛性」。其中，在第（2）點中，
　　惠能廣泛地引迷了《涅槃經‧光明遍照高貴德王菩薩品》裏的「佛
　　性」不二的思想。

❺　惠能的弟子法海所撰之〈六祖大師法寶壇經略序〉，曾說：儀鳳元
　　年（676年）正月十五日，　印宗爲惠能剃度；二月八日，惠能受具
　　足戒，「西京智光律師爲授戒師，蘇州慧靜律師爲羯磨，荆州通應
　　律師爲敎授，　中天者多羅律師爲說戒，　西國蜜多三藏爲證戒。」
　　（詳見《全唐文》，卷915。）又說：「其戒壇乃（劉）宋朝求那跋
　　陀羅三藏創建，立碑曰：『後當有肉身菩薩，於此受戒。』又梁‧
　　天監元年，智藥三藏自西竺國航海而來，將彼土菩提樹一株，植此
　　壇畔，亦預誌曰：『後一百七十年，有肉身菩薩，於此樹下開演上
　　乘，度無量衆，眞傳佛心印之法主也！』（惠能）師至是祝髮、受
　　戒，及與四衆開示單傳之法旨，一如昔讖。」（同前引）無疑地，
　　宗寶本《壇經》所說的「菩提樹下開東山法門」，指的應是傳說乃
　　智藥所植的這株菩提樹。有關求那跋陀羅和智藥的預言，《宋高僧
　　傳‧卷8‧慧能傳》也說到了。（詳見《大正藏》卷50，頁755，
　　上。）可見這是流傳甚廣，但卻不見得可靠的傳說。

❺　詳見《大正藏》卷5 5，頁1106，下。

許多文獻所提到的❺❼。而敦煌本《壇經》雖然沒有明說惠能長住寶林寺，但卻說：「（惠能）大師往漕溪山，韶、廣二州行化四十餘年。」

一日，「韶州刺史等據❺❽，及諸官寮（僚）三十餘人，儒士三十餘人，同請（惠能）大師說摩訶般若波羅蜜法」，地點是在廣州的大梵寺。而所宣講的內容，「刺史遂令門人僧法海集記，流行後代」，名爲《壇經》。至於《壇經》的成立、版本和內容等問題，我們留待第三章，再作詳細討論。

《曹溪大師別傳》說：「（惠能）大師在日，受（授）戒、開法度人三十六年。」❺❾宗寶本《壇經》──《六祖大師法寶壇經‧付囑第十》，則說：「（惠能）師……說法利生三十七載。」❻⓿另外，唐‧劉禹錫，〈大唐曹溪第六祖大鑒禪師第二碑〉，則說：「按大鑒生新州，三十出家，四十七年而歿。」❻❶宋‧契嵩，《傳法正宗記‧卷6‧震旦第三十三祖慧能尊者傳》，也說：唐‧睿宗先天元年（712年），也就是惠能逝世的前一年，「（惠

---

❺❼ 例如《宋高僧傳‧慧能傳》（《大正藏》卷50，頁755，上）、《景德傳燈錄‧慧能傳》（前書，卷51，頁235，下）、《五燈會元‧慧能傳》（《卍續藏》冊138，頁19，c）。

❺❽ 敦煌本《壇經》，把韶州刺史的名字寫成「等據」。但是其他的文獻大都寫成「韋璩」或「韋據」。他的傳記不明，《神會語錄》作「殿內丞韋據」，《歷代法寶記》作「太常寺丞韋據」，《曹溪大師別傳》作「殿中侍御史韋據」。這樣看來，連官名也有問題。印順，《中國禪宗史》，頁219，猜測他是韶州刺史的副官──司馬，「或曾攝刺史」，因此被尊稱爲刺史。

❺❾ 引見《卍續藏》冊146，頁486，d。

❻⓿ 引見《大正藏》卷48，頁362，中。

❻❶ 引見《全唐文》卷610。

能）耆者說法度人，至是已四十載」。⑫這些文獻的不同說法，
只是傳說上的差異；但都告訴我們：惠能以韶州曹溪寶林寺爲中
心，說法度衆約有三、四十年之久。依照印順，《中國禪宗史》
頁 186-187 的考據結論，惠能一生重要的事跡如下：

貞觀12年（638年）	惠能生，一歲。
龍朔元年（661年）	往黃梅禮五祖，二十四歲。
龍朔 2 年（662年）	隱居五年，二十五歲至二十九歲。
乾封 2 年（667年）⑬	在廣州出家，三十歲。
先天 2 年（713年）	惠能入滅，七十六歲。

依據敦煌本《壇經》的記載，惠能在逝世前曾有一些活動：
（1）咐囑十大弟子；（2）宣說三科法門、三十六對法；（3）宣說
《檀經》（卽《壇經》）傳宗；（4）讚美弟子神會；（5）不傳衣
缽；（6）宣說中、印禪宗的師承。其中，第（1）的十大弟子，
是指：法海、志誠、法達、智常、志通、志徹、志道、法珍、
法如和神會。惠能咐囑這十大弟子說：「吾滅度後，汝各爲一方
頭。吾敎汝說法，不失本宗！」印順，《中國禪宗史》，頁 228，
認爲：這十大弟子，「只是晚年隨侍在（惠能）側的，而且是曹
溪法泉寺（卽寶林寺）的弟子」。印順又說：「依《（景德）傳
燈錄》（卷五），志誠、法達、智常、神會、志徹，都是外來
的。惟『韶州法海』、『廣州志道』，是嶺南人，一直在廣韶一

---

⑫　詳見《大正藏》卷 51，頁 748，上-中。

⑬　原書作乾封元年（666 年），但這一年惠能只二十九歲，而不是三
　　十歲。

帶行化。」

其次是第（2）——宣說三科法門和三十六對法。首先，什麼是三科法門呢？三科，是指：（a）「五蘊」，亦卽色、受、想、行、識。（b）「十二入」，亦卽眼、耳、鼻、舌、身、意之「六根」，以及相對之色、聲、香、味、觸、法之「六塵」。（c）「十八界」，亦卽六根、六塵，再加上眼識、耳識、鼻識、舌識、身識和意識等「六識」。這三科，都是從能生萬法的佛性、如來藏——「法性」（又名自性、含藏識）所生起。敦煌本《壇經》曾對它們之間的關係，做了簡要的說明：

> 法性起六識：眼識、耳識、鼻識、舌識、身識、意識。六門六塵。自性含萬法，名為含藏識。思量卽轉識，生六識。出六門，（見）六塵。是三六十八，由自性邪，起十八邪。若自性正，十八正。若惡用卽眾生，善用卽佛。用由何等？由自性。[64]

無疑地，這是標準的四卷本《楞伽經》之「唯心論」（idealism）思想。而其生起三科的過程則是：當自性邪的時候，自性卽生起邪惡的六識（六轉識）。邪惡的六識「出」（透過）六門（六根），而見到了外在的六塵。如此，卽成邪惡的十八法。相反地，當自性正的時候，自性卽生起相類似的十八種正法。邪、正這兩種自性生起萬法的過程當中，有其相同之處；那卽是「思

---

[64] 本段及下面幾段敦煌本《壇經》引文，原本有許多錯字、別字、缺字、衍字。現依《六祖壇經流行本・敦煌本合刊》，臺北：慧炬出版社，1976（2版），改正如文。

量」。由於自性生起思量，因而生起了「轉識」。唯一的差別
是：思量有正與邪之分。敦煌本《壇經》中並沒有明白地說到第
七末那識（譯爲思量識），也許，「思量」一詞指的就是末那識
吧？

　　其次，什麼是三十六對法呢？敦煌本《壇經》把它們分成四
大類：(a)「對外境無情對，有五」，例如天與地對，乃至水與
火對等。(b)「法與相對，有十二對」，例如有爲對無爲、有色
對無色，乃至長與短對、高與下對等。(c)「自性起用對，有十
九對」，例如邪與正對、癡與慧對，乃至有情與無情對等。(d)
「言語與法相，有十二對」，意義不清，原經文只說：「內外境
有無五對，三身有三對」。這樣看來，所謂的三十六對法，其
實只是相對的一些概念或事物而已。這些相對的概念，都是由五
蘊、十二入、十八界等三科法所衍生出來的東西；但也是讓人執
著的對象。也就是說，這四大類三十六對法，都是讓人墮入兩
邊（兩極端）的「邊見」。因此，一個修行人，如果能夠「出
入卽離兩邊」，亦卽不執著在三十六對法的任何一邊，相反地，
能從自性生起這三十六對法的作用，那麼就能「通一切經」。所
以經文總結地說：「此三十六對法，解用通一切經，出入卽離兩
邊。」而在一開頭介紹三科法門、三十六對法時，經文也曾概要
地說：

　　　　舉三科法門，動用三十六對，出没卽離兩邊，說一切法，
　　　　莫離於性相。若有人問法，出語盡雙。皆取法對，來去相
　　　　因。究竟二法除盡，更無去處。

　　因此，所謂「三科法門，動用三十六對（法）」，乃是指示弟子們：當眼、耳、鼻、舌、身、意等內在的「六根」（六種認識器官），面對色、聲、香、味、觸、法等六種外在的「六塵」（六種像塵土一樣汙染心靈的外在現象），而生起眼識、耳識、鼻識、舌識、身識、意識等「六識」（六種認識活動）之時，必須保持純粹理性的態度，而不墮入兩極端的見解──「邊見」。也就是說，當六根面對六識而產生六識時，必須讓「自性」作主，而不要讓一己之私情作主。這即是惠能「舉三科法門，動用三十六對（法）」的真正用意❻❺。

　　惠能臨終前所吩咐的事情，還有第（3）點──「《檀（壇）經》傳宗」。敦煌本《壇經》對這點，有簡要的記載：「（惠能）大師言：『十弟子！已（以）後傳法，迎（遞？）相教授一卷《檀經》，不失本宗。不稟授《檀經》，非我宗旨！……』」也就是說，惠能要求晚年隨侍在他身旁的十大弟子，一定要把《壇經》流傳開來，並以《壇經》做為傳遞禪宗宗旨的依據。有關這些，牽涉到《壇經》的版本和成立的經過，我們將在下章詳細討論。

　　惠能臨終前還做了一件事情：第（4）特別讚美他的晚年弟子──神會禪師。敦煌本《壇經》做了這樣的記錄：惠能向弟子

---

❻❺ 一個更詳細的、偏重哲學意義的討論，請見成中英，〈六祖壇經之三十六對及其哲學意義〉。（收錄於《佛光山國際禪學會議實錄》，高雄：佛光山，1990，頁 365-369。）文中最值得注意的是，作者以為，「外境無情」之五對，乃出自《易經》。因此，「惠能禪的特徵是：揉和了《易經》的思考精神」。

們預告自己卽將去世，「法海等衆僧，聞已涕淚悲泣；惟有神會不動亦不悲泣」。因此，惠能就讚美神會說：「神會小僧卻得善、不善（平）等，毀譽不動；餘者不得！」有關這點，也和《壇經》成立的經過和版本有關，我們也將在下章一併分析。

　　另外，惠能臨終還說了「依不合轉」、「不合傳衣」等話：「吾滅後二十餘年，邪法遼亂，惑我宗旨……依不合轉。」這是說，菩提達摩禪師從印度來時，曾從印度帶來了一件袈裟；傳說這是印度歷代禪宗祖師（從釋迦佛開始），所傳下來的。達摩把它傳給了慧可，如此數傳而從弘忍傳給了惠能。而惠能卻預言：當他逝世之後二十餘年，禪門將有「邪法」出現，「遼亂」禪門，「惑我宗旨」。爲了防止爭端擴大，從他開始只傳禪法，不傳袈裟。事實上，宗寶本《壇經・付囑第十》卽有不同的記載：「今爲汝等說法，不付其衣。蓋爲汝等信根淳熟，決定無疑，堪任大事。」❻❻這是說，由於惠能自認弟子們都是信心堅定，能勝任大事的人，因此只要傳播內在的、實質的禪法卽可，不必再傳外在的、形式上的袈裟。另外，《景德傳燈錄・卷3・菩提達磨傳》，則說：「外付袈裟」的目的是爲了「定宗旨」。也就是說，達摩自知是外地人來到中國傳法，中國人會以懷疑的口吻質問：「憑何得法，以何證之？」爲了止疑，所以「內傳法印以契證心，外付袈裟以定宗旨」❻❼。但是，達摩卻又叮嚀他的傳人——慧可禪師：「至吾（達摩）滅後二百年，衣止不傳。」爲什麼呢？因爲：「法周沙界」。也就是說，到了達摩逝世後兩百

---

❻❻ 引見《大正藏》卷48，頁361，上。

❻❼ 以上皆見前書，卷51，頁219，下。

年，亦卽惠能的時代，「（禪）法（已經）周（遍如恆河）沙（一樣多的世）界」，極爲普遍。雖然遺憾的是：「明道者多，行道者少；說理者多，通理者少」，但卻「潛符密證，千萬有餘」❻❽；也就是說，暗中修行而有所證入的眞實修行者，爲數不少。因此，外在而只能代表形式的袈裟，也就可以不必再傳下去了。無疑地，這和宗寶本《壇經》的說法相似。

　　前文所引敦煌本《壇經》文──「吾（惠能）滅後二十餘年，邪法遼亂，惑我宗旨」，指的是北宗神秀弟子，對於南宗的各種破壞活動。有關這點，可以從惠能的晚年弟子──神會的幾句話，看出來：「因此袈裟，南北道俗極甚紛紜，常有刀棒相向。」❻❾這是說，由於南、北二宗的禪門子弟，爲了爭奪袈裟（其實是爭奪禪門正統）而起爭執，以致常有「刀棒相向」的事情發生。可見所謂「邪法」指的是北宗弟子爭奪袈裟一事。至於這件不再傳付下去的袈裟，到底藏在那裏？賈餗，〈楊州華林寺大悲（靈坦）禪師碑銘並序〉一文中，曾引述神會的話，這樣說：「神會曰：『衣所以傳信也，信苟在，衣何有焉！他日請秘於（惠能大）師之塔廟，以熄心競。』傳衣絲是遂絕。」❼⓿這是說，袈裟藏在惠能的靈骨塔之中。顯然，這是禪宗分裂爲南宗和北宗之後，因爲相互對抗而流傳出來的傳說。

　　依據唐・宗密，《圓覺經大疏釋義鈔》卷3-下的說法，從

---

❻❽　《大正藏》卷48，頁219，下。

❻❾　獨孤沛，《菩提達摩南宗定是非論》卷下；引見胡適校，《（敦煌唐寫本）神會和尙遺集》，臺北：中央研究院胡適紀念館，1968，頁293。

❼⓿　引見《全唐文》卷731。

惠能開始不傳袈裟，乃是達摩祖師的吩咐：「緣達摩懸記，六代後，命如懸絲。遂不將法衣出山。」⓻事實上，敦煌本《壇經》也確實提到了這一傳說：「若據第一祖達摩頌意，即不合傳衣。聽吾與汝頌，頌曰：『……吾本來唐國，傳教救迷傳；一花開五葉，結菓自然成。』」引文中的「一花開五葉」一句，顯然是下面的意思：禪宗從達摩傳到六祖而大行於天下，之間一共經歷了五代祖師，這就像一花盛開而有五葉花瓣一樣。但是也有另外一種解釋：惠能之後，禪門分裂爲「五家（七宗）」，就像一花盛開有五葉花瓣一樣⓼。不管達摩頌的原意是什麼？都說到了下面這一共同的事情：從惠能開始不再傳付袈裟一事，乃是達摩所吩咐的。

最後，讓我們來看看惠能臨終前，所說到的另外一件重要的事情——中印禪宗的師承。敦煌本《壇經》對於這件事情，是這樣記錄的：

六祖言：「初傳受（授）七佛⓽，釋迦牟尼佛第七，大迦

⓻ 引見《卍續藏》冊14，頁 277，b。

⓼ 參見丁福保，《六祖壇經箋註》，臺北：維新書局，1977（影印 3版），頁 100。其中，所謂「五家」，是指：臨濟宗、曹洞宗、潙仰宗、雲門宗、法眼宗。其後，臨濟宗又分裂爲黃龍派和楊岐派等兩派，因此合稱「五家七宗」。（詳見第五章第三節。）

⓽ 敦煌本《壇經》只列出七佛中的第七佛——釋迦牟尼佛，其他六佛的名字並沒有列出。但是，宗寶本《壇經・付囑第十》卻列出另外的六佛：(1) 毘婆尸佛；(2) 尸棄佛；(3) 毘舍浮佛；以上乃過去莊嚴刼三佛。(4) 拘留孫佛；(5) 拘那含牟尼佛；(6) 迦葉佛。後面的三佛，以及第七的釋迦文（牟尼）佛，乃現今賢刼四佛。（詳見《大正藏》卷48，頁361，中。）

葉第八，阿難第九，末田地第十，商那和修第十一，優婆
毱多第十二，提多迦第十三，佛陀難提第十四，佛陀密多
第十五，脇比丘第十六，富那奢第十七，馬鳴第十八，毘
羅長者第十九，龍樹第二十，迦那提婆第二十一，羅睺羅
第二十二，僧迦那提第二十三，僧迦那舍第二十四，鳩摩
羅馱第二十五，闍耶多第二十六，婆修盤多第二十七，摩
挐羅第二十八，鶴勒那第二十九，師子比丘第三十，舍那
婆斯第三十一，優婆堀第三十二，僧迦羅第三十三，須婆
蜜多第三十四，南天竺國王第三子菩提達摩第三十五，唐
國僧慧可第三十六，僧璨第三十七，道信第三十八，弘忍
第三十九，惠能自身當今受法第四十。」

這四十代祖師的名字，和宗寶本《壇經》略有出入，但大體卻相
同❼❹。其中，前三十五代是印度禪宗的祖師，其名字和形成的經
過，胡適以爲是依據《付法藏因緣傳》的二十四代說，而演變出

---

❼❹　宗寶本的四十代祖師名字，除了七佛之外，其他的三十三祖是：
(1) 摩訶迦葉；(2) 阿難；(3) 商那和修；(4) 優婆毱多；(5) 提
多迦；(6) 彌遮迦；(7) 婆須蜜多；(8) 佛馱難提；(9) 伏馱蜜
多；(10) 脇；(11) 富那夜奢；(12) 馬鳴；(13) 迦毘摩羅；(14)
龍樹；(15) 迦那提婆；(16) 羅睺羅多；(17) 僧伽難提；(18) 伽
耶舍多；(19) 鳩摩羅多；(20) 闍耶多；(21) 婆修盤頭；(22) 摩
挐羅；(23) 鶴勒那；(24) 師子；(25) 婆舍斯多；(26) 不如蜜
多；(27) 般若多羅；(28) 菩提達摩；(29) 慧可；(30) 僧璨；
(31) 道信；(32) 弘忍；(33) 惠能。（詳見《大正藏》卷48，頁
361，下。）

來的[75]。

　　惠能逝世後，南禪獲得了迅速的發展。柳宗元，〈賜諡大鑒禪師碑〉，曾說：「今布天下，凡言禪，皆本曹溪。」[76]《宋高僧傳‧慧能傳》，也說：「所以天下言禪道者，以曹溪爲口實矣！」[77] 另外，王維的〈六祖能禪師碑銘〉，也說：惠能的禪法，使得「五天重跡，百越稽首」，以致「永爲浮圖之法，實助皇王之化」[78]。事實上，《景德傳燈錄‧卷5‧慧能傳》，曾爲惠能的十個弟子立傳，其中第一個堀多三藏，卽是天竺人[79]。可見惠能的德音確實像王維所說的那樣，遠播到中國的邊疆地區。王維的〈碑銘〉還說：惠能逝世之前，已經受到世人的尊崇，以致武則天太后和孝和皇帝（唐‧中宗），「敕書勸諭，徵赴京城」；不過惠能卻「固以此辭，竟不奉詔」。後來，武則天和唐

----

[75] 《付法藏因緣傳》中，共列有二十三祖，加上旁出的末田地，則爲二十四祖。（詳見《大正藏》卷50，頁297，上-321，下。）胡適以爲：禪宗的師承說，最早只有神會《語錄》卷3之中的十三代說：西天八代，中土六代，扣掉西天和中土重複的菩提達摩，共爲十三代。「但自如來到達摩，一千餘年之中，豈止八代？故神會的八代說不久便有修正的必要了。」於是「紛紛造達摩以上的世系，以爲本宗光寵，大率多引據《付法藏傳》，有二十三世說，有二十四世說，有二十五世說，又有二十八九世說。……又有依據僧祐《出三藏記》中之薩婆多部世系而立五十一世說的。」「但八代太少，五十一世又太多，故後來漸漸歸到二十八代說。二十八代說是用《付法藏傳》爲根據，以師子比丘爲第二十三代；師子以下，又僞造四代，而達摩爲第二十八代。」胡適還猜測說：西天二十八代祖的說法，也是神會晚年所提出來的。（詳見胡適，《神會和尚遺集‧荷澤大師神會傳》。）

[76] 引見《全唐文》卷 587。

[77] 引見《大正藏》卷50，頁755，上。

[78] 詳見《全唐文》卷 327。

[79] 詳見《大正藏》卷51，頁237，上。

中宗，「遂送百衲袈裟及錢帛等供養」❽。《曹溪大師別傳》卽收有唐高宗派遣中使薛簡敕令惠能入宮的詔書，以及惠能的〈辭疾表〉❽。另外，《歷代法寶記・唐朝第六祖韶州漕溪能禪師傳》，卻說：武則天在長壽元年（692 年），曾派遣張昌期前往韶州，詔請惠能入宮；惠能「託病不去」。到了萬歲通天元年（696 年），再次派人詔請惠能；惠能還是不從。《法寶記》還說，萬歲通天二年（697 年），也就是惠能託病不從之後，武則天曾派遣張昌期，禮請智詵、神秀（皆弘忍弟子），到皇宮受供❽。然而，《宋高僧傳・慧能傳》，卻有不同的說法：「武太后、孝和皇帝，咸降璽書，詔（惠能）赴京闕。蓋神秀禪師之奏舉也。」❽這明白說到武則天的敕詔惠能入宮，是聽取了惠能在禪法上的對立派系——北宗領導人神秀禪師的建議。這和《歷代法寶記》的說法，顯然不同。

　　也許是因為惠能的拒絕入宮受供養吧？唐朝皇室一直到惠能逝世之後的一百多年，才正式追謚爲「大鑒禪師」❽。

---

❽　詳見《全唐文》卷 327。

❽　詳見《卍續藏》冊 146，頁 485，c。

❽　詳見《大正藏》卷 51，頁 184，上。

❽　引見前書，卷 50，頁 755，上。

❽　柳宗元的〈曹溪第六祖賜謚大鑒禪師碑〉（見《全唐文》卷 587），以及劉禹錫的〈大唐曹溪第六祖大鑒禪師第二碑銘〉，都說到惠能在逝世後的第一百零六年，被唐・憲宗大謚爲「大鑒」。一百零六年，柳宗元說是元和十年（815 年），劉禹錫則說是元和十一年（816 年）。這都和惠能逝世於先天二年（713 年）的定論相矛盾。（惠能入滅之後第一百零六年，應是先天十三年。）本章一開頭，曾引印順《中國禪宗史》頁176的說法，加以說明；請參閱。另外，印順並依據《曹溪大師別傳》中的年代，說明「百有六年而謚」這一說法的來源；也請讀者自行參閱。

值得一提的是，神秀所開創出來的北宗，以及惠能的南宗之間，一直處在相互仇視、敵對的地位。而且，在一段不算太短的時日裏，惠能的南宗似乎一直處於劣勢的地位。有關這點，可以從唐・宗密，《圓覺經大疏鈔》卷 3-下的描寫看出端倪：「惠能大師滅後二十年中，曹溪頓旨沉廢於荊吳；嵩嶽漸門熾盛於嵩嶽（原注：《略抄》作『秦洛』）。普寂禪師，秀弟子也，謬稱七祖。」❽引文中說到神秀的弟子——普寂，「謬稱（中國禪宗第）七代祖（師）」。有關這點，神會也曾指控：「今普寂禪師自稱爲第七代，妄豎（神）秀和上爲第六代。」❻又說：

> 閞（元）二年中三月內，使荊州刺客張行昌詐作僧，取能和上頭。大師靈質被害三刀。盛續碑銘經磨兩遍。又使門徒武平一等磨卻韶州大德碑銘，別造文報，鑴向能禪師碑，□立秀禪師爲第六代……又今普寂禪師在嵩山豎碑銘，立七祖堂，修《法寶記》，排七代數，不見著能禪師。❼

引文中說到北宗人士磨掉「盛續碑銘」和「韶州大德碑銘」的文

---

❽ 引見《卍續藏》冊 14，頁 277，c。
❻ 獨孤沛，《菩提達摩南宗定是非論》卷下；引見胡適，《神會和尙遺集》，頁 291。
❼ 引見前書，頁 289。引文中的符號□，是原文字跡模糊不清的意思。另外，胡適的原校本當中，「盛續碑銘經磨兩遍」一句的後面，曾加注：「盛續似是撰碑的人名？」但是，印順的《中國禪宗史》頁 234，卻說：「《南宗定是非論》的『盛續碑文』，依圭峰（宗密）說，『盛續』應爲『傳授』二字的訛寫。」

字，更改碑銘中的文字，「□立秀禪師爲第六代」。並且指控普寂「立七祖堂」、「排七代數」——總之，「謬稱七代祖」。另外，還說到唆使刺客張行昌，行刺惠能。這點，宗寶本《壇經》也曾這樣地記載：「自南、北分化，二宗主雖亡彼我，而徒侶競起愛憎。時北宗門人，自立秀師爲第六祖，而忌祖師傳衣爲天下聞，乃囑行昌來刺師。」**⑱**

　　總之，惠能逝世後的二十年間，由於北宗受到唐朝皇室的禮遇和保護，發展極爲迅速；以致出現挾其威勢而迫害南宗的一些傳說。改變這一形勢，反劣勢爲優勢的人，即是惠能的晚年弟子——神會（688～762）。依照宗密，《圓覺經大疏鈔》卷 3-下的說法，神會原本在北宗神秀的門下三年。等到神秀入宮之後，才改拜惠能爲師**⑲**。神秀和惠能逝世之後，兩宗的第二代弟子之間，開始爭奪禪門正統。普寂和神會，即是其中最明顯的兩個例子。《宋高僧傳·卷 8·釋神會傳》即有這樣的描寫：「先是兩京之間，皆宗神秀。若不澆之魚鮪，附沼龍也。」但是，自從神會出來批判北宗的「漸修之道」開始，「南北二宗，時始判焉」，並且使得「普寂之門盈而後虛」**⑳**。神會之所以在短短幾年之間，使得「普寂之門盈而後虛」，原因有二；其一是：在洛陽郊外的滑臺等地，數度召開批判北宗（普寂）的羣衆大會。這自然得罪

---

⑱ 引見《大正藏》卷 48，頁 359，上。又，依照宗寶本《壇經》的說法，引文中的張行昌，後來皈依惠能，名爲志徹。

⑲ 詳見《卍續藏》冊 14，頁 277，b。另外，《景德傳燈錄（卷 5）·西京荷澤神會傳》，則說：「（神會）年十四爲沙彌，謁六祖。」

⑳ 引見《大正藏》卷 50，頁 756，下。

了當時位居國師之尊的普寂❾❶。於是唐・玄宗天寶年間，「御史盧弈阿比於寂，誣奏會聚徒，疑萌不利」。天寶二年（743 年），神會遂被皇帝勅令移住荊州開元寺般若院❾❷。宗密，《圓覺經大疏鈔》卷 3–下， 曾對這一羣衆大會， 做了簡要的記錄：「因洛陽詰北宗傳衣之由， 乃滑臺演兩宗眞僞……便有難起， 開法不得。」而所謂的「有難起」，宗密則有詳細的描述：「俠客沙灘五臺之事， 縣（懸?）官白馬； 衛南盧、鄭二令文事， 三度幾死」❾❸。 其中， 前兩句大約是說神會涉入了一椿「俠客」的官司， 以致被白馬（滑臺東）的官府所拘繫（懸）。後兩句，則指神會涉入了一則和衛南（衛河以南）的盧、鄭兩位縣令有關的文字糾紛——「文事」❾❹。到了天寶十二年（753 年），神會又「被潛聚衆， 勅黜弋陽郡， 又移武當郡」。 次年， 又「恩命量移襄州」。該年七月，又「勅移荊州開元寺」。這些災難， 「皆北宗

---

❾❶ 宗密，《圓覺經大疏釋義鈔》卷 3–下，曾說：「普寂禪師……二京法主，三帝門師，朝臣歸宗。」（引見《卍續藏》冊 14，頁 277，b。）其中，「二京法主，三帝門師」，原本是神會對於神秀的描述。神會的描述是：「秀禪師爲兩京法主，三帝門師」。（獨孤沛，《菩提達摩南宗定是非論》卷下；引見胡適，《神會和尚遺集》，頁 284。）兩（二）京是指唐朝的兩個京城——長安和洛陽；三帝，則指唐・中宗、睿宗和武則天。這是因爲神秀曾在這三代帝王的勅請之下，入宮接受供養的關係。《宋高僧傳・卷 9・唐京師興唐寺普寂傳》， 曾說： 唐・玄宗開元二十三年（735 年）， 普寂受召「於都城居止」，「王公大人競來禮謁」。相信這是爲什麼宗密形容普寂是「二京法主，三帝門師」的原因。

❾❷ 詳見《宋高僧傳・神會傳》；《大正藏》卷 50，頁 756，下。

❾❸ 以上詳見《卍續藏》冊 14，頁 277，b。

❾❹ 以上解釋，參見印順，《中國禪宗史》，頁 296。

門下之所毀（爲？）也」❾❺。

　　然而，一件重大的事件，改變了神會個人以及整個禪宗的命運；那卽是發生於天寶十四年（755 年）的「安史之亂」。《宋高僧傳・卷 8・釋神會傳》，曾有這樣的描述：

> （天寶）十四年，范陽安祿山舉兵內向，兩京版蕩，駕幸巴蜀。副元帥郭子儀率兵平殄。然於飛輓索然，用右僕射裴冕權計，大府各置戒壇度僧。僧稅緡謂之香水錢，聚是以助軍須。……僉議乃請會主其壇度……所獲財帛，頓支軍費。代宗郭子儀收復兩京，會之濟用頗有力焉。肅宗皇帝詔入內供養，勅將作大匠，併功齊力，爲造禪宇於荷澤寺中是也。會之敷演，顯發能祖之宗風，使秀之門寂寞矣！❾❻

引文中說到了禪宗史上幾件重要的事情：（1）唐朝皇室正因爲安祿山造反而面臨「飛輓（軍須）索然」的困境時，右僕射裴冕建議以度僧的方式，藉以抽取出家僧人的稅金──「僧稅緡」（緡是錢串的意思），稱爲「香水錢」。（2）神會是主持這一出家法會的僧人。（3）郭子儀之所以能夠收復兩京──長安和洛陽，神會的功勞頗大。（4）安史之亂平定之後，唐・肅宗詔請神會入宮褒揚，並爲他在荷澤寺中建立「禪宇」。（5）神會的努力，使得惠能的「宗風」興盛，相對地，神秀的北宗則變得「寂寞」。

---

❾❺ 詳見宗密，《圓覺經大疏鈔》卷 3–下；《卍續藏》冊 14，頁 277，b。

❾❻ 引見《大正藏》卷 50，頁 756，下–757，上。

　　唐‧德宗貞元十二年（796 年）， 神會逝世後的三十餘年，
「（德宗）敕皇太子集諸禪師，楷定禪門宗旨，遂立神會禪師為
第七祖」❼。神會既然被唐朝皇室立為第七祖，那麼，惠能的第
六祖位置，自然也成為唐朝皇室所認可的定說了。中國禪宗的正
統，終於歸向惠能所創立的南宗之下。

---

❼　宗密，《圓覺經大疏鈔》卷 3 -下；引見《卍續藏》冊 14，頁 277，
　　c 。

第三章 《壇經》的作者與版本

第一節 《壇經》的作者

代表惠能思想的作品，一般認爲是《壇經》。然而，由於《壇經》版本的繁多，內容、成立年代的說法分歧，引發學術界對《壇經》的作者，有著南轅北轍的不同看法。1926～27年，胡適（1891～1962）分別從倫敦博物館、巴黎圖書館、日本友人處，得到了一批敦煌殘卷的影本；它們都是有關早期中國禪宗的珍貴史料。胡適依照這些史料做研究，並在1930年，發表了兩篇論文：〈荷澤大師神會傳〉、〈跋曹溪大師別傳〉❶。1934年，胡適又發表了〈壇經考之二——記北宋本的六祖壇經〉❷。這三篇論文的共同結論是：《壇經》的作者是惠能的弟子——荷澤神會（688～762）。這一結論和傳統的說法大異其趣；傳統的說法

---

❶ 〈荷澤大師神會傳〉，是胡適《胡適校敦煌唐寫本神會和尚遺集》一書（下文簡稱爲《神會集》）的卷首。該書原由上海亞東圖書館出版，1968年由臺北中央研究院胡適紀念館再版。〈跋曹溪大師別傳〉，最初刊在《武漢大學文招季刊》1卷1期，後改名爲〈壇經考之一〉，收集在《胡適文存》4集卷2。（參見柳田聖山，〈胡適博士與中國初期禪宗史之研究〉，收錄於柳田聖山，《胡適禪學案》，臺北：正中書局，1975，頁 5-22。）

❷ 又名〈跋日本京都堀川興聖寺藏北宋惠昕本壇經影印〉，收錄於《胡適文存》卷2，及《胡適禪學案》。

是：《壇經》乃惠能所說，弟子法海所記錄。因此，三、四十年來，引發了一場《壇經》作者到底是誰的大論辯❸。

1971年，當胡適逝世已近十年時，印順法師出版了《中國禪宗史》一書，並撰有〈神會與壇經——評胡適禪宗史的一個重要問題〉❹，反駁了胡適的結論，因而結束了這場大論辯。事實上，由於柳田聖山等學者的加入，這場論辯在國外並沒有停止❺。

本書不想對這一大論辯，作任何結論性的判斷；只想以胡適和印順的作品做爲中心，忠實地把他們的論辯過程和結論，在這裏介紹出來。首先是胡適的理由：胡適的〈（荷澤大師）神會傳〉一文的最後，有一段名爲「神會與六祖壇經」，列舉了三大理由，證明神會乃《壇經》的作者。其中第一個理由是❻：敦煌本《壇經》，明顯地暗示神會是惠能的唯一傳人。胡適以爲，1907年，由英國斯坦因爵士（Sir Aurel Stein），在敦煌洞窟中所發現的古本《壇經》——《南宗頓教最上乘摩訶般若波羅蜜經六祖惠能大師於韶州大梵寺施法壇經》，是現存《壇經》中最古老的版本。而在這一敦煌本《壇經》當中，至少有兩處，明顯地

---

❸ 在這場大論辯中，錢穆、楊鴻飛、澹思、蔡念生等人都參加進去。一個簡要的介紹，請參見楊惠南，〈壇經的作者及其中心思想〉，收錄於楊惠南，《佛教思想新論》，臺北：東大圖書公司，1982，頁 331-373。

❹ 該文刊於新加坡所發行的《南洋佛教》，23、26-28 期。

❺ 這點可以從《佛光山國際禪學會議》（高雄：佛光山，1990）所收錄的數篇相關論文看出來。例如，小川隆〈試論六祖壇經之成書過程〉（頁 132-144），摩登・史魯特（Morten Schlutter）〈論壇經的系譜與演進〉（頁 455-469），巴宙〈六祖壇經作者之探討〉（頁 449-454）等。

❻ 下面有關〈神會傳〉所說的內容，請參見《神會集》，頁 3-90。

暗示神會是惠能的唯一傳人。因此推定敦煌本《壇經》是神會或其門下所偽造。這兩處經文的第一處，預言神會在惠能死後二十年，召開「無遮大會」❼：

> 吾滅後二十餘年，邪法遼亂，惑我（惠能）宗旨。有人出來，不惜身命，弟佛教是非，豎立宗旨，即是吾正法。❽

神會曾於唐·開元 20 年（733 年）正月十五日，在洛陽東北的滑臺大雲寺，召開無遮大會，批判北宗神秀的弟子──普寂禪師❾。開元二十年，正是惠能逝世後的第二十年。胡適以為，敦煌本《壇經》中既然有這段預言，可見該經乃神會或其門人所偽造。

敦煌本《壇經》另一段暗示神會乃惠能唯一傳人的文字是：

> （惠能）大師先天二年八月三日滅度，七月八日喚門人告別……法海等眾僧聞已涕淚悲泣，唯神會不動亦不悲泣。六祖（惠能）言：「神會小僧卻得善（、不善）等，毀譽不動，餘者不得！」❿

---

❼ 無遮大會，上下、賢聖、道俗、貴賤都可參加的一種佛教法會。

❽ 引見《大正藏》卷 48，頁 344，上。其中，「弟佛教是非」中的「弟」字，依印順，《中國禪宗史》，臺北：慧日講堂，1978（3版），頁 290，應是「定」字之誤寫。

❾ 詳見獨孤沛，《菩提達摩南宗定是非論》，收錄於《神會集》，頁 258-318。

❿ 引見《大正藏》卷 48，頁 343，下。其中，「餘者不得」原作「除者不得」。

這是描寫惠能逝世前，對於神會的讚美。神會不因師父的逝世，
而「涕淚悲泣」；這意味著神會已到了不爲俗情所動的高深禪境。
胡適認爲，旣然敦煌本《壇經》特別讚美神會，而貶抑惠能的其
他弟子（法海等），可見該經是神會或其門人所僞造。

　　胡適認爲神會或其門人乃敦煌本《壇經》作者的第二大理由
是：韋處厚的〈興福寺大義禪師碑銘〉中，曾說神會的門人以
「《檀（壇）經》傳宗」。韋處厚的〈碑銘〉，說：

　　　　……在高宗時，有惠能筌月指。自脈散絲分，或遁秦，或
　　　　居洛，或之吳，或在楚。秦者曰秀……洛者曰會，得總持
　　　　之印，獨曜寶珠。習徒迷眞，橘柘變體，竟成《檀經》傳
　　　　宗……。⓫

引文中明顯地說到惠能逝世之後，他的弟子散住於各地。其中，
神會住在洛陽；而其「習徒」（弟子）由於「迷（惑於）眞（理）」，
使得惠能所傳下的禪法變質〔所謂「橘柘（枳？）變體」〕，以
致竟然變成「《檀經》傳宗」。「《檀經》」，無疑地，是指
《壇經》。「傳宗」，字面的意思是傳承宗旨，但實際上則是指
神會的弟子，以《壇經》做爲權威的禪法教本。神會的弟子旣然
以《壇經》做爲權威的禪法教本，因此，胡適推斷：敦煌本《壇
經》乃神會或其弟子所造。

　　胡適認爲敦煌本《壇經》乃神會或其弟子所造的第三個理由

　　　　⓫ 引見《全唐文》卷 715。

是: 該經至少有五處,和《神會語錄》⓬當中的內容雷同。五處是:

(一) 定慧等:

二書都主張定慧一體。例如,敦煌本《壇經》說: 「我此法門以定慧爲本, 第一勿迷言慧定別。 定慧體一不二; 卽定是慧體, 卽慧是定用。卽慧之時定在慧,卽定之時慧在定。善知識! 此義卽是定慧等。」⓭而《神會語錄》則有相似的內容: 「卽定之時是慧體,卽慧之時是定用。卽定之時不異慧,卽慧之時不異定。卽定之時卽是慧,卽慧之時卽是定。……卽是定慧等學。」⓮可見二書確實都主張「定慧等 (學)」,因此,胡適以爲二書的作者都是神會 (或其門人)。

(二) 坐禪:

二書對 「坐禪」 都有相同的內容。 例如, 敦煌本《壇經》說: 「外於一切境界上念不起爲坐, 見本性不亂爲禪。」⓯ 而《神會語錄》則說: 「今言坐者,念不起爲坐;今言禪者,見本性爲禪。」⓰可見二書對於坐禪,都有相同的說法。胡適卽據此而推斷: 二書的作者都是神會。

⓬ 《神會語錄》, 卽胡適, 《神會集》。該書標明爲「神會語錄」的有卷 1-3, 以及附錄 (Ⅱ) 的《南陽和尙問答雜徵義: 劉澄集》。但實際上, 附錄 (Ⅰ) 當中的《菩提達摩南宗定是非論》 (上、下卷), 乃至《南陽和上頓教解脫禪門直了性壇語》, 也應該是廣義的「神會語錄」。

⓭ 引見《大正藏》卷 48, 頁 338, 中。

⓮ 引見《神會集》, 頁 176。

⓯ 引見《大正藏》卷 48, 頁 339, 上。其中,「念不起爲坐」的「起」字,原作「去」;而「性不亂爲禪」的「性」字,原作「姓」。現依《六祖壇經流行本敦煌本合刊》 (下面簡稱《壇經合刊》),臺北: 慧炬出版社, 1976 (2 版), 頁 84, 改正如文。

⓰ 引見《神會集》, 頁 176。

（三）關當時的禪學：

二書都批評當時北宗神秀所傳的禪法，這是「看心、看淨」的禪法❼。例如，敦煌本《壇經》說：「又見有人教人坐，看心、看淨，不動不起。從此置功，迷人不悟，便執成顚。」❽而《神會語錄》則說：「若教人凝心入定、住心看淨……者，此是障菩提。」❾又說：「大乘定者，不用心，不看心，不看淨。」❿可見二書都批判當時「看心、看淨」的禪法，因此作者相同。

（四）論《金剛經》：

胡適以爲二書都特別尊重《金剛經》，因此二書都是同一個作者——神會或其弟子。例如，敦煌本《壇經》說：「但持《金剛經》一卷，卽得見性，入般若三昧。當知此經功德無量，經中分明讚歎，不能具說。此是最上乘法，爲大智上根人說。」㉑而《神會語錄》則說：「若欲得了達甚深法界，直入一行三昧者，先須誦持《金剛般若波羅蜜經》，修學般若波羅蜜法。」㉒可見二書都特別尊重《金剛經》。

（五）無念：

敦煌本《壇經》和《神會語錄》都主張「無念」，而且對於

---

❼ 《神會集》明白地說到「看心、看淨」的禪法，是北宗嵩岳普寂禪師和東岳降魔禪師（皆神秀的弟子）所提倡的禪法。例如：「嵩岳普寂禪師、東岳降魔禪師，此二大德皆教人凝心入定、住心看淨、起心外照、攝心內證，指此以爲教門。」（引見《神會集》，頁175。）

❽ 引見《大正藏》卷48，頁338，中。

❾ 引見《神會集》，頁 175-176。

❿ 引見前書，頁 151。

㉑ 引見《大正藏》卷48，頁340，上-中。引文中有許多錯別字，今依《壇經合刊》，頁 90，改正如文。

㉒ 引見《神會集》，頁 181。

「無念」，也有相同的解釋。因此，胡適以爲二書的作者都是神會或其門人。敦煌本《壇經》對於「無念」，有這樣的說明：「無者，離二相諸塵勞。（念者，念眞如本性。）眞如是念之體，念是眞如之用。」❷而《神會語錄》對於「無念」，則有下面的說明：「无者，无有云然。念者，唯念眞如。……言其念者，眞如之用。眞如者，念之體。」❷二書對於「無念」，確實有相同的內容。

以上（一）至（五）各點，構成了胡適的第三大理由——敦煌本《壇經》和《神會語錄》，在內容上有許多雷同。因而推斷二書的作者同爲神會或其門人。

總之，胡適的〈神會傳〉，以三大理由證明敦煌本《壇經》是神會或其門人所造。如此則推翻了一般的說法：《壇經》乃惠能所說，弟子法海所記錄。

但是，胡適的這一看法，並沒有受到禪學界的全面肯定。印順法師的《中國禪宗史》和〈神會與壇經——評胡適禪宗的一個重要問題〉，卽是一個持相反意見的例子。現在讓我們介紹，印順法師如何反駁前述胡適的三點理由。首先是對胡適所謂「《壇經》暗示神會乃惠能唯一傳人」的反駁❷：

印順和胡適都以爲，敦煌本《壇經》確實是現存《壇經》版本當中最古老的本子，也確實加入許多有關讚美神會或附合其思想的內容。但是，敦煌本《壇經》卻不是歷史上最古老的本子。在此之前，還有更古老的「曹溪原本」。然後有人在這一「原本」

---

❷ 引見《大正藏》卷 48，頁 338，下。引文中括弧中的句子——「念者，念眞如本性」，原文沒有；現依《壇經合刊》頁 83 加入如文。

❷ 引見《神會集》，頁 129-130。

❷ 下面有關印順法師對於胡適的批評，請參見印順，《中國禪宗史》，第六章。

上，添加「南方宗旨」❷，而成印順所謂的「南方宗旨本」的《壇經》❷。敦煌本《壇經》卽是在「南方宗旨本」《壇經》之中，再加入符合神會思想的內容而成立的。印順的理由如下：（1）和神會同一時代的南陽慧忠國師，已經看到了南方宗旨本《壇經》，可見神會也一定見過南方宗旨本《壇經》。（2）「南方宗旨」在

---

❷ 所謂「南方宗旨」，依照《景德傳燈錄》卷28的記載，是這樣的：「彼（南）方知識，直下示學人，卽心是佛，佛是覺義。汝今悉具見聞覺知之性，此性善能揚眉瞬目，去來運用，遍於身中。捏頭頭知，捏腳腳知，故名正遍知。離此之外，更無別佛。此身卽有生滅，心性無始以來未曾生滅。身生滅者，如龍換骨、蛇脫皮、人出故宅。卽身是無常，其性常也。南方所說，大約如此。」又說：「彼（南方知識）云，我此身中有一神性，此性能知痛癢。身壞之時，神則出去。如舍被燒，舍主出去。舍卽無常，舍主常矣。」因此，所謂「南方宗旨」，其實卽是以爲我人無常變化的身心當中，有一不變的「（神）性」。這一「（神）性」具體而微地展現爲「見聞覺知」，以致「善能揚眉瞬目」乃至「捏頭頭知，捏腳腳知」。所以，「南方宗旨」可以歸納爲下面各點：（1）色身無常，而（心）性是常；（2）見聞覺知卽是佛；（3）揚眉瞬目都是（心）性。惠能弟子——慧忠國師批評這種「南方宗旨」和「先尼外道無有差別」，因此感嘆地說：「吾比遊方，多見此色，近尤盛矣！聚卻三五百衆，目視雲漢，云是南方宗旨。把他《壇經》改換，添糅鄙譚，削除聖意，惑亂後徒，豈成言教？苦哉吾宗喪矣！」（《景德傳燈錄》卷28；引見《大正藏》卷51，頁437，下）其中，所謂的先尼（Senika），又譯有軍、勝軍等。依照《大般涅槃經》卷39的記載，先尼是一個主張「一切衆生有我遍一切處」，而且有「作身我」（相當於肉體之我）和「常身我」（相當於南方宗旨中的神性、心性）之區分的外道。（參見《大正藏》卷12，頁594，上）有關慧忠所說的「南方宗旨」，以及先尼的主張等論題，一個詳細的討論，請參見約翰‧喬金森（John Jorgensen），〈南陽慧忠和壇經邪說〉，收錄於《佛光山國際禪學會議實錄》，頁314-324。又見朴性焙，〈論知訥對壇經的觀點〉，收錄於前書，頁423-428。

❷ 有關《壇經》版本的問題，請參見本章下節。

現存的敦煌本《壇經》中仍然保留。由以上兩個理由，印順以
爲：敦煌本《壇經》是南方宗旨本《壇經》的添加本。因此，不
能因爲敦煌本《壇經》當中曾讚美神會爲惠能唯一傳人，就率爾
推斷（任何版本的）《壇經》（都）是神會或其門人所僞造。

　　其次是印順對於胡適所謂「《檀經》傳宗」的反駁：印順以
爲，胡適誤解了韋處厚〈大義禪師碑銘〉的文義。印順以爲，
〈碑銘〉是馬祖道一禪師 ❷❽ 之門下的作品，代表道一門下對於
荷澤神會所開創出來之荷澤宗的批評。這一批評是：神會本人是
非常優秀的——〈碑銘〉所謂「得總持之印，獨曜寶珠」（詳前
文），但是，神會的門下——「習徒」，卻「迷眞」向俗，就像橘
逾淮而變枳一樣，竟然以《檀（壇）經》作爲「傳宗」的依據。
失去了「默傳心印」的實質，而換來傳授《壇經》的形式 ❷❾。

----

❷❽ 馬祖道一禪師（？～788），是惠能的弟子——南嶽懷讓（677～
744）的徒弟。乃惠能後所開展出來之洪州宗的開創者。洪州宗、
石頭宗（石頭希遷禪師所創），以及神會所開創的荷澤宗，是惠能
後最先分裂出來的三個重要的禪宗教派。（參見本書第五章第二節）

❷❾ 默傳心印，是惠能後之禪宗所特別強調的禪法。這一禪法，越到後
來越被強調開來。其中，最明顯的例子卽是「拈華微笑」之「公
案」的流行。在釋迦拈華，迦葉微笑，二者沒有一句話的當下，
釋迦已把最高的禪法——「正法眼藏」，秘密地傳給了迦葉。這一
「正法眼藏」，乃「不立文字，教外別傳」。也就是說，最高的禪
法無法用語言文字來傳達，因此不是一般經教所能傳達的；必須透
過特「別」的方法，例如「拈華」、「微笑」等默然無語，但卻心
心相印的身體動作，才能傳達。強調「默傳心印」是惠能後所開
展出來之禪門宗派的重大特色，其中尤以馬祖道一禪師開創的洪州
宗，以及石頭希遷禪師開創的石頭宗，最爲強調這種禪法。因此，
當神會的門下，以有形的、文字寫成的《壇經》，作爲「傳宗」的
依據時，自然會被洪州宗的門下所批判。（有關「拈華微笑」的公
案，請參見《大梵天王問佛決疑經・拈華品》；《卍續藏》冊 87，
頁 326，c。）

這樣看來，〈碑銘〉對於神會仍然保存著極大的尊敬；但是對於他的門下，特別是有關「《壇經》傳宗」一事，則採取批判的態度。因此，神會的門下以《壇經》作爲「傳宗」的依據，並不足以證明《壇經》卽是他們所僞造。他們只是把已經存在的《壇經》，拿來作爲「傳宗」的方便工具而已。

最後，印順對胡適所謂「《壇經》與《神會語錄》內容雷同」的反駁是：

（一）對「關當時禪學」的反駁：

印順以爲，《神會語錄》中所批判的「看心、看淨」的禪法，不必一定是北宗普寂禪師所弘傳的禪法；事實上，禪宗第四代祖師道信禪師，已經開始弘揚這種禪法❸。例如，杜朏，《傳法寶記》卽說：「（道信）每勸諸門人曰：努力勤坐，坐爲根本。能作三五年，得一口食塞飢瘡，卽閉門坐。」❸

（二）對「論《金剛經》」的反駁：

胡適以爲，敦煌本《壇經》和《神會語錄》都特別尊重《金剛經》，因此二書都是神會或其門人所造（詳前文）。然而，印順卻以爲，惠能的時代，整個江南都流行著《金剛經》❷。事實

❸ 有關四祖道信禪師的禪法，請參見本書第一章第二節。

❸ 引見柳田聖山，《初期禪宗史書の研究・附錄(資料の校注第六)》，日本：京都法藏館，昭和42，頁 566。

❷ 印順以爲，當時江南佛教界之所以流行《金剛經》，和開善智藏（卒於 522 年）有關。道宣，《續高僧傳（卷 5）・智藏傳》，說：智藏因爲誦持《金剛經》得到延壽的感應，「於是江左道俗競誦此經，多有徵應。乃至於今，日有光大，感通屢結。」（詳見《大正藏》卷 50，頁 466，上-中）其後，天台宗的智顗、三論宗的吉藏、牛頭禪的法融，都有《金剛經》的註疏。到了唐玄宗開元二十三年（735A.D.），詔頒了《御注金剛般若波羅蜜經》，該經的流傳更達到了頂峰。

上，連北宗的神秀禪師，在他的《大乘無生方便門》一書中的
「離念門」中，也引用了《金剛經》的經文——「凡所有相皆是
虛妄」❸。可見，即使敦煌本《壇經》和《神會語錄》二書當中，
都特別尊重《金剛經》，也不能因而證明二書的作者是同一人。

　　印順甚至以為，惠能所尊重的並不是《金剛經》，而是尊重
從四祖道信以來即已尊重的「摩訶般若波羅蜜多」法門。特別尊
重《金剛經》的，不是惠能，而是神會。他認為，（敦煌本）
《壇經》當中有關尊重《金剛經》的部分，乃是神會或其門人所
添加進去的。

　　（三）對「無念」的反駁：

　　敦煌本《壇經》對於「無念」的說法，是這樣的：「無者，
離二相諸塵勞。（念者，念真如本性。）真如是念之體，念是真
如之用。性起念，雖即見聞覺知，不染萬境，而常自在。」❸這
樣看來，真如既然是心念的「體」、心念既然是真如的「用」，
那麼，所謂的「無念」，並不是沒有念頭，也不是不要念頭，更
不是要斷除念頭；而是要使心念「不染萬境，而常自在」。所以
經文說：「於一切境上不染，名為無念。」❸又說：「莫百物不
思，念盡除卻，一念斷即死，別處受生！」❸

　　相反地，《神會語錄》所說的「無念」，卻偏重心念的斷除。
神會強調「莫作意」；如說：「不作意即是无念。」又說：「但
一切眾生，心本无相。所言相者，並是妄心。何者是妄？所作意

住心，取空取淨，乃至起心求證菩提涅槃，並屬虛妄。但莫作意，心自无物，自性空寂。空寂體上，自有本智……。」**㊲**依照胡適的解釋，「作意」是「起心」、「打主意」、「存心要什麼」的意思**㊳**。因此，神會所謂的「不作意」，其實是偏重否定面的。「無念」一詞中的「念」，成了虛妄、罪惡的東西，必須斷除，才能開發「自有本智」的心體。

印順指出了敦煌本《壇經》和《神會錄》二書，在「無念」一詞解說上的差異，並且據而否定二書是同一個作者。

（四）對「坐禪」的反駁：

這點和前面所說的「無念」有關。印順在其〈神會與壇經——評胡適禪宗史的一個重要問題〉一文中，曾說：

> 燉煌本（《壇經》）是肯定當前一念的，自作自性的作用，不可能沒有的。所以說「外於一切境界上念不起為坐」，是說「於自念上離境，不於法上念生」。神會但說「念不起」，還是「不作意」的意思。念是不可能沒有的，不可能不起的。但說「念不起」，依燉煌本（《壇經》）來說，這句話是有語病的。**㊴**

印順的意思是，敦煌本《壇經》所說的「坐禪」，並不是不要「念」，也不是要斷除「念」。因為「真如是念之體，念是真如之用」（詳前文）。因此，「念」不可能也不可以斷除。但是，

㊲ 以上皆見《神會集》，頁 101–102。

㊳ 詳見前書，頁 322。

㊴ 引見張曼濤編，《六祖壇經研究論集》，收錄於張曼濤編，《現代佛教學術叢刊》(1)，臺北：大乘文化出版社，1976，頁 127。

另一方面，《神會語錄》卻強調「不作意」（詳前文）；因此多少有不要「念」、斷除「念」的意含在內。所以二書對於「坐禪」並沒有相同的內容，因而也不是同一人所作。

（五）對「定慧等」的反駁：

印順說，由於前面各點已經足以證明敦煌本《壇經》和《神會語錄》的內容、作者兩皆不同，因此，儘管二書都主張「定慧等」，也不能證明二書乃是同一作者所撰❹。無疑地，這是印順的反駁中，比較弱的一環。

以上是胡適和印順的正反意見，前者以為（敦煌本）《壇經》是神會或其門人所偽造；後者卻維護傳統的說法：《壇經》乃惠能所說，弟子法海所記錄。對於這兩種截然不同的說法，其中是非曲直，留待讀者分辨❹。

第二節　《壇經》的版本

前節所討論到的敦煌本《壇經》，乃眾多《壇經》版本中的一本而已。胡適的〈壇經考之一——跋曹溪大師別傳〉和〈壇經考之二——記北宋本的六祖壇經〉二文，對於《壇經》的版本，曾經作了詳盡的考察❹。

---

❹　同前注。

❹　事實上，學術界對於《壇經》的作者到底是誰？還有許多不同的說法。請參見田中良昭，〈壇經典籍研究概史〉，收錄於《佛光山國際禪學會議實錄》，頁 274-280。文中列舉了近年來相關研究之論文及著作，值得參考。

❹　下面有關胡適這兩篇〈壇經考〉論文的內容介紹，請參見張曼濤，《六祖壇經研究論集》，頁 1-28。

　　〈壇經考之一〉，從它的副標題──「跋曹溪大師別傳」，
卽可知道那是一篇研究《曹溪大師別傳》（下面簡稱《別傳》）
一書的論文。該書是曹溪大師──惠能的傳記，作者不詳。依照
胡適在該文中的考據，《別傳》的作者可能是一位活躍於江東或
浙中的禪師，撰寫的年代可能是在惠能逝世後的第六十八年，亦
卽唐建中二年（781 年）。前文已經說過，胡適以爲敦煌本《壇
經》，不但是目前最古老的《壇經》本子，而且是所有《壇經》
版本的源頭。也就是說，以敦煌本《壇經》做爲源頭，再加入
《別傳》中的一些傳說，然後進一步發展出後來的《壇經》本
子。這卽是《別傳》在《壇經》發展史上，甚至整個中國禪宗史
上的地位❹。

　　《別傳》最特殊的內容是，惠能曾有這樣的預言：「我滅度
七十年後，有東來菩薩，一在家菩薩修造寺舍，二出家菩薩重建
我教。」❹這一傳說，和敦煌本《壇經》的傳說──惠能逝世後
二十餘年，有人出來「弟（定）佛教是非，豎立宗旨」（詳前
文），在年代（和人數）上有顯著的不同。但是，這一傳說卻與
明藏本《壇經》❹中的預言相同：「吾（惠能）去七十年，有二

❹　有關《曹溪大師別傳》和《壇經》之間的關係，另外一個不同的研
　　究，請參見石井修道，〈曹溪大師傳與六祖壇經〉，收錄於《佛光
　　山國際禪學會議實錄》，頁 295-301。

❹　引見《卍續藏》冊 146，頁 486，b。

❹　明藏本《壇經》，卽明藏本《大藏經》中所收錄的《壇經》。明藏
　　本《大藏經》，乃明朝所刊行的《大藏經》，共有《北藏》、《南
　　藏》，以及明萬曆年間，由密藏禪師重治《北藏》，而陸續刊行的
　　《嘉興大藏經》。胡適所說的《明藏》，應指《南藏》。（以上說
　　法，乃藍吉富先生提供，特此致謝。）

菩薩從東方來，一出家，一在家，同時興化，建立吾宗，締緝伽
藍，昌隆法嗣。」❹

　　然而，明藏本《壇經》的來源是什麼？胡適以爲：「明藏本
的祖本是北宋契嵩的改本。」所謂「改本」，意味著契嵩把《壇
經》加以刪改。原來，契嵩，《鐔津文集》卷11，曾收錄了一篇
郎侍郎所作的〈六祖法寶記敍〉，文中說到：由於當時所流傳的
「六祖之說」，「爲俗所增損」，以致「文字鄙俚，繁雜殆不可
考」。於是，郎侍郎要求契嵩「正之」。兩年後，契嵩終於得到
了「曹溪古本」，並且依照這一古本而刪改「六祖之說」❹。胡
適以爲，契嵩所得到的「曹溪古本」，即是《別傳》。於是，契
嵩依照這一「曹溪古本」（即《別傳》）刪改《壇經》，成爲胡
適所謂的「契嵩本《壇經》」。由於這一刪改，因此，敦煌本
《壇經》中「吾滅二十餘年……有人出來……弟佛教是非，豎立
宗旨」的傳說，遂被改成明藏本《壇經》的「吾去七十年……有
二菩薩……建立吾宗」的不同傳說。胡適並製作了下面的圖表，
說明各種版本《壇經》之間的關係❹：

```
敦煌古本─────契嵩本──宗寶本──明藏本
        │
   別傳─┘
```

　　胡適，〈壇經考之二〉，有兩個副標題；其一是「記北宋本

---

❹ 引見《縮刷藏經》，騰四。

❹ 詳見《大正藏》卷52，頁703，中－下。

❹ 圖表中的「宗寶本」，是指元朝，由宗寶禪師所刊行的《壇經》。
　由於該本刊行於元朝至元年間，因此有時又名「至元本」。其特色
　是，經末附有宗寶禪師所撰的〈跋〉。

的六祖壇經」，另一則是「跋日本京都堀川興聖寺藏北宋惠昕本
壇經影印本」。無疑地，這篇論文乃在研究現藏於日本京都堀川
興聖寺的北宋惠昕本《壇經》。惠昕是宋太祖時代的人，胡適認
爲他刪改《壇經》是在宋太祖乾德五年（967 年），　這卽是「兩
卷十一門」的惠昕本《壇經》❹。另外，1031～1151年之間，兩
卷十一門的惠昕本《壇經》，已被人增刪而成「三卷十六門」本
了。胡適說：郎侍郎，〈六祖法寶記敍〉一文中所說「爲俗所增
損」、「文字鄙俚，繁雜殆不可考」的「六祖之說」，卽是兩卷
十一門的惠昕本《壇經》；　而三卷十六門的惠昕本《壇經》，則
是前面所說的契嵩本《壇經》。胡適的理由有三：（1）兩卷十一
門的惠昕本《壇經》，仍然保有「二十餘年」的預言。（2）兩卷
十一門的惠昕本《壇經》，在傳法世系之上（從七佛以下，共有
四十代祖師），　與敦煌本《壇經》大同小異，　卻與明藏本《壇
經》有很大的差別。（3）兩卷十一門的惠昕本《壇經》，只比敦
煌本多了兩千字，但比明藏本《壇經》卻少了很多❺。可見兩卷
十一門的惠昕本《壇經》，　是在敦煌本《壇經》之後、契嵩本
（三卷十六門的惠昕本）《壇經》之前所刊行的。綜合胡適的兩
篇〈壇經考〉，我們可以修改前面的圖表，成爲下表：

敦煌古本————惠昕本————契嵩本———宗寶本—明藏本
別傳————｜（兩卷十一門）（三卷十六門）

❹　「兩卷十一門」，是指這一惠昕本的《壇經》共分兩卷，上卷六
　　門，下卷五門，共十一門。後來，又被增刪而成「三卷十六門」。
　　（詳見張曼濤，《六祖壇經研究論集》，頁 11-15。）

❺　敦煌本《壇經》約有一萬兩千字，明藏本《壇經》約有兩萬一千
　　字。

以上是胡適對於《壇經》版本的看法；這一看法有些被印順所接受，有些則被否定。現在，讓我們來看看印順的意見：

> ……燉煌本是現存《壇經》各本中最古本，而不是《壇經》的最古本。從《壇經》成立到燉煌本，至少已是第二次的補充了。燉煌本《壇經》，可稱為「《壇經》傳宗」本，約成於七八〇～八〇〇年間，由神會門下，增補法統、稟承等部分而成。在「《壇經》傳宗」以前，南陽慧忠已見到南方宗旨的添糅本……。❺❶

引文中所謂「第二次的補充」，是指敦煌本《壇經》之前，還有兩個《壇經》的版本；它們是：「曹溪原本」，以及南陽慧忠所見到的「南方宗旨本」。

曹溪原本，無疑地，印順指的是由惠能所居住的曹溪傳出來的《壇經》原本。其次，什麼是「南方宗旨本」呢？那是慧忠所見到的，添加了「南方宗旨」的《壇經》本子。《景德傳燈錄》卷28，曾記載慧忠見到這一本子的經過：

> 吾（慧忠）比遊方，多見此色，近尤盛矣！聚却三、五百眾，目視雲漢，云是南方宗旨。把他《壇經》改換，添糅鄙譚，削除聖意，惑亂後徒，豈成言教？苦哉！吾宗喪矣！❺❷

---

❺❶ 印順，〈神會與壇經——評胡適禪宗史的一個重要問題〉；引見張曼濤，《六祖壇經研究論集》，頁 117。

❺❷ 引見《大正藏》卷 51，頁 437，下-438，上。參見本章注❷❻。

印順的意思是：既然南陽慧忠感歎「南方宗旨本」《壇經》，乃
「添糅鄙譚，削除聖意，惑亂後徒」，那麼，他一定看過另一個
更古老的版本；這卽是印順所說的「曹溪原本」《壇經》。因此，
我們可以利用下面的圖表，來歸納印順的結論❺：

曹溪原本──南方宗旨本──敦煌本──惠昕本──至元本

❺ 圖表中的「至元本」《壇經》，請參見本章注釋❹。另外，《壇
經》的版本還有很多，它們之間的關係也未成定論。其中一個說
法，請參見摩登‧史魯特（Morten Schlutter），〈論壇經的系譜與
演進〉；《佛光山國際禪學會議實錄》，頁455-469。

第四章　惠能的主要思想

第一節　《壇經》的主要內容

第一項　《壇經》的經題

前面各章已經說明，《壇經》不必一定是惠能本人的作品。甚至還有少數的學者，懷疑惠能的眞實性❶。儘管如此，以《壇經》爲中心所塑造出來的惠能其人，畢竟曾在中國禪宗史上，甚至整個中國思想史上，佔有相當重要的地位。因此，以《壇經》爲中心，來考察（虛構或眞實之）惠能的主要思想，成爲必要的工作。本章將以敦煌本《壇經》爲主，輔以其他版本的《壇經》，來探討惠能的思想。

---

❶ 楊鴻飛，〈關於六祖壇經〉，曾說：「不過錢先生所說的那『惠能』，換句話說，應該是後世所謂『南禪』之人格化了的惠能。至少也是所謂《六祖壇經》中表現的惠能。而不是當時歷史性上一位眞實的惠能。」〔引見張曼濤編，《六祖壇經研究論集》，收錄於張曼濤編，《現代佛教學術叢刊》（1），臺北：大乘文化出版社，1976，頁 197。〕引文中的錢先生是指當代史學家錢穆先生，他主張《壇經》是惠能所說，法海所記錄。而楊鴻飛的論文，則顯然懷疑惠能是歷史上一位眞實的人。另外，有關錢穆的看法，請參見：錢穆，〈神會與壇經〉、〈略述有關六祖壇經之眞僞問題〉、〈再論關於壇經眞僞問題〉；分別見於張曼濤編，《六祖壇經研究論集》〔收錄於張曼濤編，《現代佛教學術叢刊》（1），臺北：大乘文化出版社，1976〕，頁 81-141, 205-213, 225-233。

不過，在還沒有探討《壇經》的內容之前，先來看看《壇經》一名的來源。現存最古老的《壇經》本子，前章已經論及，乃是敦煌本《壇經》。該經的全名是：《南宗頓教最上大乘摩訶般若波羅蜜經六祖惠能大師於韶州大梵寺施法壇經》。其中，「南宗」，無疑地，是指惠能所開創出來的「南禪」❷。敦煌本《壇經》曾這樣地自己解釋：

> 世人盡言南能、北秀，未知根本事由。且秀禪師於南荆府當陽縣玉泉寺住持修行，惠能大師於韶州城東三十五里漕溪山住。法即一宗，人有南北。因此便立南、北。❸

其次，「頓教」是指惠能所開創出來的南宗，是一種主張「頓悟」而非「漸悟」的禪法；亦即是「頓禪」，而非「漸禪」。後者乃神秀禪師所弘揚的禪法。敦煌本《壇經》對「漸」與「頓」，有這樣的說明：「何以漸、頓？法即一種，見有遲、疾。見遲即

❷ 南宗，有許多可能的意思。印順，《中國禪宗史》，臺北：慧日講堂，1978（3 版），第三章第一節，曾把「南宗」一詞，歸納爲下面的幾個意思：(1) 地理上的「南方」宗派；惠能在嶺南傳法，神秀在北方（洛陽、長安）傳法，因此，惠能的禪法稱爲南宗。(2) 南印度的宗旨；四卷本《楞伽經》來自於南印度，因此，《楞伽》禪稱爲南宗。另外，南印度之般若學也稱爲南宗。(3) 中國南方的佛學稱爲南宗；這特別是指成實宗、三論宗和天台宗所弘揚的佛法。目前，敦煌本《壇經》全名中的「南宗」一詞，最主要的意思應該是第 (1) 個；另外，也可以指第 (2) 個意思。

❸ 引見《大正藏》卷 48，頁 342，上-中。原文有許多錯別字，現依《六祖壇經流行本敦煌本合刊》（下文簡稱《壇經合刊》），臺北：慧炬出版社，1976，頁 100，修正如文。本節下文亦如此，不另一一指出。

漸，見疾卽頓。法無漸、頓，人有利鈍，故名漸、頓。」❹也就是說，爲利根人而設立的、「疾見」（迅速悟入）的禪法，稱爲頓禪；相反地，爲鈍根人而設立的、「遲見」（慢慢悟入）的禪法，則稱爲漸禪❺。

　　其次，「最上大乘摩訶般若波羅蜜經」，是指惠能所特別尊重的「摩訶般若波羅蜜（經）」❻。敦煌本《壇經》曾這樣地讚

---

❹ 引見《大正藏》卷48，頁342，中。

❺ 神會，《菩提達摩南宗定是非論》卷下，在解釋南、北二宗在「頓、漸」上的不同時，曾說：「我六代大師一一皆言，單刀直入，直了見性，不言階漸。夫學道者須頓見佛性，漸修因緣，不離是生，而得解脫。譬如母頓生子，與乳，漸漸養育，其子智慧自然增長。頓悟見佛性者，亦復如是，智慧自然漸漸增長。」〔引見胡適，《胡適校敦煌唐寫本神會和尙遺集》（下文簡稱《神會集》），臺北：中央研究院胡適紀念館，1968，頁287。〕可見「頓教」或「頓禪」，乃是一種「單刀直入，直了見性，不言階漸」，而試圖「頓見佛性」的禪法。

❻ 一般認爲惠能特別重視《金剛般若波羅蜜經》，但是，印順，《中國禪宗史》，頁158，曾說：「或者說達摩以四卷《楞伽》印心，慧能代以《金剛經》，這是完全不符事實的。」同書，頁158-159，又說：「然《壇經》所說的主要部分——『說摩訶般若波羅蜜法』，正是道信以來所承用的《文殊所說摩訶般若波羅蜜經》，並非《金剛般若》。」不過，印順也承認：「……《摩訶般若經》爲《金剛般若經》所代，是神秀與慧能時代的共同趨勢。」（同前書，頁163。）事實上，自從鳩摩羅什（401年來長安）譯出《摩訶般若波羅蜜經》（俗稱《大品般若經》）之後，慧思及其弟子智顗，卽依之開展出天台學的「一心三觀」禪法。三論宗的吉藏，也撰有《大品經遊意》、《大品經義疏》，來闡揚該經。〔參見楊惠南，《吉藏》，臺北：東大圖書公司，1989。又見釋慧嶽，《天台教學史》，臺北：中華佛教文獻編撰社，1979（2版），第一章。〕因此，惠能所弘揚的「摩訶般若波羅蜜」，也有可能是指《大品般若經》。

歎「摩訶般若波羅蜜」：「摩訶般若波羅蜜，最尊最上第一。」
❼經中甚至花了一長段經文，來解釋「摩訶般若波羅蜜」一詞。
然後下結論說：「悟此法者，悟般若法，修般若行。不修卽凡；
一念修行，法身等佛。善知識！卽煩惱是菩提；捉前念迷卽凡，
後念悟卽佛。」❽

　　其次是經題中的「韶州大梵寺」一詞，無疑地，這是惠能宣
說這部《壇經》的地點。敦煌本《壇經》一開頭卽說：

> 惠能大師，於大梵寺講堂中，昇高座，說摩訶般若波羅蜜
> 法，受（授）無相戒。……韶州刺史韋據及諸官寮三十餘
> 人，儒士（三十）餘人，同請大師，說摩訶般若波羅蜜
> 法。刺史遂令門人僧法海集記，流行後代。與學者承此宗
> 旨，遞相傳授，有所於約，以爲稟承，說此《壇經》。❾

引文中說到了三件事情：（1）惠能是受韶州（今廣東韶縣）刺史
韋據（璩）等人的禮請，而出來宣講「摩訶般若波羅蜜法」，並
傳授「無相戒」。（2）說法的地點是韶州曲江縣的大梵寺。（3）
韋璩刺史命令惠能的弟子法海，把這次的說法內容記錄下來，成
爲《壇經》，廣爲流傳。

　　然而，什麼是「施法壇經」呢？印順以爲：「這是由於開法
傳禪的『壇場』而來。」又說：「當時的開法，不是一般的說
法，是與懺悔、發願、歸依、受戒等相結合的傳授。這是稱爲

---

❼ 引見《大正藏》卷48，頁340，上。
❽ 同前引。
❾ 引見前書，頁 337，上。

『法壇』與『壇場』（原註：壇，古代或通寫爲檀）的理由，也就是被稱爲《壇經》……的原因。」❿這樣看來，所謂「施法壇經」，卽是惠能在韶州大梵寺的法壇或壇場上「施法」（布施禪法，亦卽宣說禪法），然後被（法海？）記錄下來的禪門經典。

至於目前流行的《壇經》，是元朝至元年間所刊行的「至元本」或「宗寶本」，它的名字是《六祖大師法寶壇經》。經題的意思，無疑地是：六祖惠能大師，在大梵寺的法壇上布施法寶時，所記錄下來的經典。

第二項　定慧爲本與一行三昧

以上是（敦煌本）《壇經》之經題的簡略說明，下面則是其中的主要內容：

北宋・契嵩（1006～1071）在其〈六祖大師法寶壇經贊〉一文當中，曾提到了下面幾個有關《壇經》的內容重點：（1）定慧爲本；（2）一行三昧；（3）無相爲體；（4）無念爲宗；（5）無住爲本；（6）無相戒；（7）四弘願；（8）無相懺；（9）三歸戒；（10）說摩訶般若；（11）我法爲上上根人說；（12）從來默傳分付；（13）不解此法而輒謗毀⓫。印順以爲，契嵩所列舉的這些內容，就是惠能在大梵寺說法的部分，而且和現存敦煌本《壇經》

---

❿ 以上皆見印順，《中國禪宗史》，頁 245。印順並且引據《歷代法寶記》、《壇語》等禪宗典籍，來證明他的看法。例如，《歷代法寶記》曾說：「東京荷澤神會和上，每月作檀場，爲人說法。」（引見《大正藏》卷51，頁185，中。）又如，神會的《（南陽和上頓教解脫禪門直了性）壇語》，也曾說：「已來登此壇場，學修般若波羅蜜時，願知識各各心口發無上菩提心……。」（引見胡適，《神會集》，頁 232。）

⓫ 詳見《大正藏》卷48，頁346，下。

的次第完全相同。但是，他還認爲，現存敦煌本《壇經》的內
容，除了這一部分（他稱爲「《壇經》主體」）之外，還有「《壇
經》附錄」的部分。後者是惠能的弟子，在他逝世以後才加入
的；內容包括惠能平時與弟子的問答、臨終付囑，以及臨終和身
後的情形等。因此，敦煌本《壇經》的主要內容，可以分成兩大
部分：（一）主體部分，卽惠能在大梵寺說法的記錄，契嵩所歸
納出來的十三個重點。（二）附錄部分，卽惠能逝世之後，弟子
們所編撰進去的；內容包括惠能和弟子的問答、臨終遺言、逝世
後的情形等。❷在這兩大部分當中，無疑地，第（一）部分是敦
煌本《壇經》最重要的部分。要探討惠能或敦煌本《壇經》的思
想，自然必須以這部分爲對象。因此，下文就把篇幅集中在這一
部分的討論。

　　首先是第（1）「定慧爲本」，敦煌本《壇經》有這樣的說
明：

> 我此法門，以定慧爲本，第一勿迷言慧、定別。定、慧體
> 一不二。卽定是慧體，卽慧是定用。卽慧之時，定在慧；
> 卽定之時，慧在定。善知識！此義卽是定慧等。學道之人
> 作意，莫言先定發慧，先慧發定，定慧各別。作此見者，
> 法有二相。口說善，心不善，慧、定不等。心、口俱善，
> 內外一種，定、慧卽等。❸

傳統佛法中，戒、定、慧稱爲三增上學。之所以稱爲「增上學」，

---

❷　參見《中國禪宗史》，頁 244-245。

❸　引見《大正藏》卷 48，頁 338，中。

無疑地，是因爲戒學的純熟，可以增長定學的修習；同樣地，定學的純熟，也可以增長慧學的修習。《大明三藏法數》卷9，卽說：「如來立敎，其法有三；一曰戒律，二曰禪定，三曰智慧。然非戒無以生定，非定無以生慧。三法相資，不可缺。」可見戒、定、慧三學是次第相生的。然而，惠能卻說「定、慧等」；定是慧的「體」（本質），而慧是定的「用」（功能）。二者其實沒有差別，只是一體的兩面。

　　惠能這種「定、慧等」的說法，和他對於禪定的看法有關。惠能以爲，所謂禪定，乃是「外離相」，使得「內不亂」的意思；他說：「何名爲禪定？外離相曰禪，內不亂曰定。」又說：「外離相卽禪，內不亂卽定。外禪、內定，故名禪定。」❹原來，惠能以爲：我人的心念是由本性清淨的眞如（有時又稱「自性」、「自心」、「本心」或「性」）所生起；因此，只要保持心念的清淨，卽是禪定。

　　然而，如何保持心念的清淨呢？那就是「外離相」，亦卽不爲外在紛擾的境界所迷惑、所束縛。此時，卽是禪定，卽是保持心念的清淨，卽是解脫的時刻。所以，敦煌本《壇經》說：「眞如是念之體，念是眞如之用。性起念，雖卽見、聞、覺、知，不染萬境，而常自在。」❺而在這種「不染萬境，而常自在」的情形下，心念將變得充滿了智慧；這一智慧乃是心念（眞如之用）所自然發出的光芒。這卽是惠能所強調的「定、慧等」。

　　《壇經》的第（2）個重點是對「一行三昧」的解說。一行

---

❹ 引見《大正藏》卷48，頁 339，上。
❺ 引見前書，頁 338，下。

三昧是一種念佛三昧，乃四祖道信依照《文殊說般若經》，所開
創出來的禪法；有關這點，我們已在第一章第二節略有論及。惠
能對於這一禪法，曾有下面的批判和解說：

> 一行三昧者，於一切時中，行、住、坐、臥，常行直心
> 是。……迷人著法相，執一行三昧，直言坐不動，除妄不
> 起心，即是一行三昧。若如是，此法同無情，卻是障道因
> 緣。道須通流，何以卻滯？心不住法，即通流；住即被
> 縛。……又見有人教人坐，看心、看淨，不動不起，從此
> 置功，迷人不悟，便執成顛。即有數百般，以如此教道
> 者，故知大錯。⑯

引文中，惠能強烈地批判以「坐不動」、「除妄不起心」、「看
心」、「看淨」、「不動不起」為主要方便的一行三昧。

另外，敦煌本《壇經》還有一段，也是批判「看心、看淨」
的禪法：

> 此法門中，坐禪元不著心，亦不著淨，亦不言不動。若言
> 看心，心元是妄；妄如幻故，無所看也。若言看淨，人性
> 本淨，為妄念故，蓋覆真如。離妄念，本性淨。不見自性
> 本淨，起心看淨，卻生淨妄。妄無處所，故知看者卻是妄
> 也。淨無形相，卻立淨相，言是功夫。作此見者，障自本
> 性，卻被淨縛。……看心、看淨，卻是障道因緣。⑰

---

⑯ 引見《大正藏》卷48，頁 338，中。
⑰ 引見前書，頁 338，下-339，上。

惠能所大力批判的這種「看心、看淨」的禪法，一般了解爲神秀所宣揚的「漸禪」；但實際上卻可追溯到四祖道信的禪法❶❽。我們在第一章第二節已經論及：道信的禪法強調「守一不移」的「坐」功。現在簡略地重述如下：道信在他的《入道安心要方便門》一書當中，對於「守一不移」，曾有這樣的說明：「守一不移者，以此空淨眼，注意看一物，無問晝夜時，專精常不動。其心欲馳散，急手還攝來。如繩繫鳥足，欲飛還掣取。終日看不已，泯然心自定。」到了五祖弘忍，則推廣一種「齊速念佛名，令淨心」，乃至「守（眞）心」、「徵心」、「向心中看一字」的禪法（詳第一章第二節）。這樣看來，神秀「看心、看淨」的禪法，其實不過是這兩代祖師之禪法的集大成而已。

什麼是神秀「看心、看淨」的禪法呢？記載北宗禪法實錄的敦煌殘卷——《大乘無生方便門》，對於神秀（或其弟子）這種「看心、看淨」的禪法，曾有生動的描寫：

佛子！諸佛如來，有入道大方便，一念淨心，頓超佛地。和（尚）擊木，一時念佛。和（尚）言：「一切相，總不得取。□以，《金剛經》云：『凡所有相皆是虛妄。』看心若淨，名淨心地。莫卷縮身心，舒展身心，放曠遠看，平等盡虛空看。」和（尚）問：「見何物？」（佛）子云：「一物不見。」和（尚）言：「看淨，細細看！卽用淨心

---

❶❽ 筆者曾有一篇短論，討論惠能所批判的禪法，其實是道信的禪法；請參見楊惠南，〈道信與神秀之禪法的比較——兼論惠能所批判之看心、看淨的禪法〉，刊於《哲學論評》11期，臺北：臺灣大學哲學系，1988，頁 205-225。

眼，無邊無涯除（處？）遠看。」……和（尚）問：「見
何物？」答：「一物不見。」和（尚）言：「向前遠看，
向後遠看，四維上下一時平等看，盡虛空看。長用淨心眼
看，莫間斷，亦不限多少看。使得者然，身心調用無障
礙。」⑲

從這一傳法實錄，可以看出，北宗「看心、看淨」的禪法，其實
乃是透過「淨心眼」，亦即沒有雜念之心念，來觀想心念的不受
空間障礙；最後則試圖達到「心眞如」的徹底開發。所以，《大
乘無生方便門》又說：「是沒（什麼）是眞如？心不起，心眞
如；色不起，色眞如。心眞如故，心解脫；色眞如故，色解脫。
心、色俱離，即無一物，是大菩提樹。」⑳神秀的這種禪法，強
調「心不起」、「色不起」，強調身心的不動，正和惠能的禪法
相反，卻和道信、弘忍的禪法更爲接近。敦煌本《壇經》一再地
警告說：「若一念斷絕，法身即離色身。」「莫百物不思，念盡
除卻。一念斷即無，別處受生。」「莫百物不思，當令念絕，即
是法縛，即名邊見。」㉑另外，較晚刊行的宗寶本《壇經》——
《六祖大師法寶壇經‧機緣品》，也曾記載了下面這段故事：

　　有僧舉臥輪禪師偈曰：「臥輪有伎倆，能斷百思想，對境

---

⑲ 引見《大正藏》卷 85，頁 1273，下。引文中的「□」，乃原文缺
　 漏，疑爲「所」字。又，括弧中的字句，乃筆者所加入者。

⑳ 引見《大正藏》卷 85，頁 1273，下。

㉑ 以上三段經文，前兩段引見《大正藏》卷 48，頁 338，下；後一段
　 見同書，頁 340，下。

心不起，菩提日日長。」（惠能）師聞之曰：「此偈未明
心地，若依而行之，是加繫縛。」因示一偈曰：「惠能沒
伎倆，不斷百思想，對境心數起，菩提作麼長！」㉒

臥輪禪師，不知何許人也。《景德傳燈錄》卷5，僅簡略地介紹
說：「臥輪者，非名即住處也。」㉓但是，從他「能斷百思想」、
「對境心不起」的禪法看來，無疑地乃是一位和北宗有關的禪
師。惠能「不斷百思想」、「對境心數起」，把心念看做「眞如
之用」，因此不應斷、不可斷的禪法，顯然和神秀的北禪（甚至
道信、弘忍的禪法），有著顯著的不同。

第三項　無相爲體・無念爲宗・無住爲本

　　事實上，惠能之所以會有前面所討論過的那些思想和禪法，
和他背後所信仰的宇宙觀有著密切的關聯；這即牽涉到他所主張
的「無相爲體」、「無念爲宗」，以及「無住爲本」。這三者乃
《壇經》最中心的思想，契嵩曾把它們歸納出來，成爲《壇經》
的第（3）〜（5）等三個重點（詳前文）。由於它們是《壇經》的
最中心思想，因此，我們將在本章下面的一節，做專題的討論。
現在僅簡略地介紹如下：

　　「眞如是念之體，念是眞如之用」，這是敦煌本《壇經》所
說到的，也是我們在前文所一再引據的。心念既然是眞如的作
用，那麼，心念必然是念念不斷的；這即是「無住」。所以敦煌

㉒　引見《大正藏》卷48，頁358，上-中。
㉓　同前書，卷51，頁245，中。另外，《五燈會元》卷1，也只是
　　說：「臥輪，非名即住處也。」（引見《卍續藏》冊138，頁20，
　　b。）

本《壇經》說:

> 無住者,為人本性,念念不住。前念、後念,念念相續,
> 無有斷絕。若一念斷絕,法身即離色身。念念時中,於一
> 切法上無住。一念若住,念念即住,名繫縛。於一切法
> 上,念念不住,即無縛也。是以無住為本。❷❹

心念既然不應斷、不可斷,那麼,所謂「無念」並不是不要心
念,也不是要像北宗所強調的那樣,必須斷除心念;而是:「於
一切境上不染,名為無念。」❷❺

然而,什麼叫做「於一切境上不染」呢?那即是「無相」。
敦煌本《壇經》解釋「無相」時說:「外離一切相是無相。但能
離相,性體清淨。是以無相為體。」❷❻在一般的佛法中,相,指
的是各種現象界的差別法。這些差別法,由於有善惡、是非、對
錯、男女、大小、上下等差別,因此稱為「相」。所謂的「無
相」,即是泯除現象界的這些差別相。所以,宗寶本《壇經》——
《六祖大師法寶壇經·般若第二》,即說:「心量廣大,猶如虛
空,無有邊畔。亦無方圓大小,亦非青黃赤白,亦無上下長短,
亦無瞋無喜、無是無非、無善無惡、無有頭尾。」❷❼無疑地,這
即是「無相」的最好說明。

值得注意的是,雖說「無相」,並不是要我們不分辨善惡、

---

❷❹ 引見《大正藏》卷 48,頁 338,下。
❷❺ 引見前書。
❷❻ 引見前書。
❷❼ 引見前書,頁 350,上。

是非、對錯，或不能分辨是男是女，是長是短。而是在一切外境的分辨當中，卻「於一切境上不染」❷❽。

　　總之，由於心念是眞如的作用，因此心念是「無住」的。既是無住的，就必須讓心念自由自在，無所縛著。而要達到心念無所縛著的境界，則必須透過「無念」和「無相」的修行工夫。也就是要讓心念不執著於具有差別相的萬境之上。這卽是惠能所謂的「無念爲宗」、「無相爲體」和「無住爲本」。

第四項　無相戒・四弘願・無相懺・三歸戒

　　契嵩〈壇經贊〉所歸納出來的《壇經》第（6）～（9）個思想重點是：無相戒、四弘願、無相懺和三歸戒等四點。事實上，這四個重點都是和受戒有關的宗教儀式。本書第一章第二節已經說過，四祖道信的禪法，有兩個特色：（1）（菩薩）戒與禪合一；（2）（四卷本）《楞伽經》與《（文殊說）般若經》合一。四祖道信在禪法上的這兩個特色，仍然保存在現存的敦煌本《壇經》當中，因此也是代表惠能的思想特色。

　　對於「（菩薩）戒與禪合一」一事，《楞伽師資記・道信傳》曾說：四祖道信撰《菩薩戒法》一本（詳第一章第二節）。事實上，惠能在敦煌本《壇經》當中，也曾引用《菩薩戒》一書的句子，來說明他自己所宣說的「無相戒」：

　　　《菩薩戒》云：「我本元自性淸淨。」善知識！見自性淸
　　　淨，自修自作自性法身，自行佛行，自作自成佛道。善知

---

❷❽　這句話是前文對於「無念」的解釋，可見「無念」和「無相」其實是一體的兩面。要達到「無念」的境界，就必須做好「無相」的工夫；要做好「無相」的工夫，就必須達到「無念」的境界。

識！總須自體，與授無相戒。一時逐惠能口道，令善知識
見自三身佛。於自色身歸依清淨法身佛，於自色身歸依千
百億化身佛，於自色身歸依當來圓滿報身佛。色身者是舍
宅，不可言歸。向者三身在自法性，世人盡有，爲迷不
見，外覓三身如來，不見自色身三身佛。善知識！聽汝善
知識說，今善知識於自色身，見自法性有三身佛。此三身
佛從性上生。㉙

這樣看來，惠能所謂「無相戒」，其實並不是要求學禪者遵守某
些有形的戒條，而是歸依自性中的三身佛；亦卽歸依自性（自己
之心性、佛性）所本有的法身佛、報身佛和化身佛。他認爲，屬
於肉體的色身，就像「宅舍」一樣，並不是眞正的主人；宅舍中
的眞正主人是自性所本有的三身佛。因此，色身並不是我們的歸
依處，藏在色身中的三身佛才是我們所應歸依的對象。所以，他
又補充說：「自悟自修，卽名歸依也。皮肉是色身，色身是舍
宅，不言歸依也。但悟三身，卽識大意。」㉚有形的戒條，可以
用來約束色身；卻不必然讓人體悟到自性中本來具足的三身佛。
相反地，一個歸依自性三身佛的禪者，必然能夠遠離惡事，在色
身上任運自如地謹守有形的戒條。所以，《六祖大師法寶壇經‧
疑問第三》曾說：「心平何勞持戒，行直何用修禪！」㉛相信這
卽是「無相戒」的本意。無相，原本就有不拘泥於外表之色身或
有形之戒條的意義在內。

㉙ 引見《大正藏》卷48，頁339，上。

㉚ 引見前書，頁339，中。

㉛ 引見前書，頁352，中。

值得特別注意的是，惠能在「無相戒」，亦即「歸依自性三身佛」這一段說明當中，非常清楚地展現出他那唯心論者(idealist)的角色。例如，當他解釋什麼是「清淨法身佛」時，即說：

> 世人性本自淨，萬法在自性。思量一切惡事，即行於惡；思量一切善事，便修於善行。如是一切法盡在自性，自性常清淨。……故遇善知識，開真法，吹卻迷妄，內外明徹，於自性中，萬法皆見。一切法自在性，名為清淨法身。㉜

引文中明白地說到一切善惡萬法，都含藏在自性之中，也都由自性所生起。無疑地，這是四卷本《楞伽經》的唯心論思想；也和他在臨終前所說的「舉三科法門，動用三十六對」的唯心論思想相似（參見第二章第二節）。

其次，什麼是「四弘願」呢？敦煌本《壇經》說：

> 今既自歸依三身佛已，與善知識發四弘大願。善知識！一時逐惠能道：「眾生無邊誓願度，煩惱無邊誓願斷，法門無邊誓願學，無上佛道誓願成！」㉝

乍看起來，這和一般佛門所發四弘誓願並無差別。但是，當惠能解釋「眾生無邊誓願度」時，卻說：「善知識！眾生無邊誓願

㉜ 引見《大正藏》卷48，頁 339，上-中。
㉝ 引見前書，頁 339，中。

度，不是惠能度。善知識！心中眾生各於自身自性自度。何名自性自度？自色身中邪見煩惱、愚癡迷妄，自有本覺性，將正見度。既悟正見，般若之智除卻愚癡迷妄眾生，各個自度。」❸在這段說明當中，惠能把誓願度的眾生，解釋為自性或自色身中的邪見煩惱、愚癡迷妄。這點，《六祖大師法寶壇經‧懺悔第六》說得更露骨：

> 自心眾生無邊誓願度 …… 心中眾生，所謂邪迷心、誑妄心、不善心、嫉妒心、惡毒心，如是等心盡是眾生，各須自性自度，是名真度。何名自性自度？即自心中邪見、煩惱、愚癡眾生，將正見度。❸

所要救度的眾生，既然是自性、自心、自色身中的邪見、煩惱、愚癡，而不是外界實際上的苦難眾生，那麼，禪宗的偏於自度，乃是必然的結論❸。

---

❸　《大正藏》卷 48，頁 339，上-中。

❸　引見前書，頁 354，上。

❸　從敦煌本《壇經》偏於自度為發端，更進而開展出連心中邪惡、煩惱也不必斷除的「道德廢棄論」。其中最明顯的例子，即是道一禪師所開創出來之洪州宗的「平常心是道」的禪法。這一禪法主張「道不用修」，主張「惡亦是心，不可以心斷心」。這也是宋代新儒學——理學家，例如朱熹，所看到、所批判的佛教。（參見楊惠南，〈惠能及其後禪宗之人性論的研究〉，刊於《哲學與文化（月刊）》14 卷 10 期，臺北：《哲學與文化（月刊）》社，1987，頁 2436。又見羅伯特‧吉米羅（Robert N. Gimello），〈六祖壇經在北宗禪中的迴響〉，收錄於《佛光山國際禪學會議實錄》，高雄：佛光山，1990，頁 325-336。）

其次，什麼是「無相懺」呢？敦煌本《壇經》說：

> 今旣發四弘誓願，說與善知識無相懺悔，滅三世罪障。大
> 師言：「善知識！前念、後念及今念，念念不被愚迷染。
> 從前惡行，一時自性若除，卽是懺悔。前念、後念及今
> 念，念念不被愚癡染，除卻從前誑誑心永斷，名為自性
> 懺。前念、後念及今念，念念不被疽疾染，除卻從前嫉妒
> 心。自性若除，卽是懺。善知識！何名懺悔？懺者，終身
> 不為；悔者，知於前非惡業，恒不離心。諸佛前，口說無
> 益。我此法門中，永斷不作，名為懺悔。」㊲

從引文看來，惠能所說的「無相懺（悔）」，和一般佛法中所說的
懺悔比較起來，並沒有什麼奇特之處。只是他強調「自性懺」，
亦卽強調 心念的不被 無明愚癡 所迷染。這是預設自性的本性清
淨，試圖從中開發出防非止惡的作用㊳。

最後是「（無相）三歸（依）戒」；敦煌本《壇經》有這樣
的說明：

> 今旣懺悔已，與善知識授無相三歸依戒。大師言：「善知

㊲ 引見《大正藏》卷 48，頁 339，中-下。

㊳ 《壇經》的無相懺悔，大同於《梵網經》中的懺儀，也和天台宗的
懺悔儀式有許多相似之處。有關這點，請參見保羅・格羅能（Paul
Groner），〈壇經的戒儀——以東亞佛教律宗為觀點〉，收錄於《佛
光山國際禪學會議實錄》，頁 373-386。又見大衞・查波爾（David
Chappell），〈無相懺悔的比較研究〉，收錄於《佛光山國際禪學
會議實錄》，頁 387-397。

識！歸依覺，兩足尊；歸依正，離欲尊；歸依淨，衆中尊。從今以後，稱佛爲師；更不歸依餘邪迷外道，願自三寶慈悲證明。」❸❾

無疑地，這卽是一般佛法中所謂的「歸依佛、法、僧三寶」。值得注意的是，在這裏，惠能不用一般的佛、法、僧，來說明「三寶」，而是採用三寶的德性——覺、正、淨，來說明我人所應歸依之處。惠能甚至還說：

若言歸佛，佛在何處？若不見佛，卽無所歸。旣無所歸，言卻是妄。善知識！各自觀察，莫錯用意。經中只卽言自歸依佛，不言歸依他佛。自性不歸，無所依處。❹❶

由此可見，惠能所要我們歸依的，不是外在有形的三寶，而是自性中本具的三種德性——覺、正、淨；這卽是「自性三寶」。因此，那怕是兩千五百年前的古印度，當釋迦佛還在靈鷲山上講經說法時，也不是我們的眞正歸依之處。我們的眞正歸依之處，依照惠能的說法，乃是我們自性中所本有的靈鷲山上的釋迦佛。

值得注意的是，較晚成書的宗寶本《壇經》——《六祖大師法寶壇經‧懺悔第六》當中，無相戒等四者的名稱和次序，和敦煌本《壇經》並不一致。宗寶本的名稱和次序是：「先爲傳自性五分法身香，次授無相懺悔……旣懺悔已，與善知識發四弘誓願

---

❸❾ 引見《大正藏》卷48，頁339，下。
❹❶ 同前註。

……今發四弘誓願了，更與善知識授無相三歸依戒。」❹其中，無相懺悔、四弘誓願和無相三歸依戒等三者，和敦煌本《壇經》所說內容大同小異。但是，第一的「傳五分法身香」，卻和敦煌本《壇經》中的「無相戒」，有較大的差異。所謂傳五分法身香，是這樣的：

> 眾胡跪，（惠能）師曰：「一戒香，即自心中無非無惡，無嫉妒，無貪瞋，無劫害，名戒香。二定香，即觀諸善惡境相，自心不亂，名定香。三慧香，自心無礙，常以智慧觀照自性，不造諸惡。雖修眾善，心不執著。敬上念下，矜恤孤貧，名慧香。四解脫香，即自心無所攀緣，不思善，不思惡，自在無礙，名解脫香。五解脫知見香，自心既無所攀緣善惡，不可沈空守寂，即須廣學多聞，識自本心，達諸佛理，和光接物，無我無人，直至菩提真性不易，名解脫知見香。善知識！此香各自內熏，莫向外覓。」❷

這樣看來，宗寶本《壇經》當中所謂的「傳自性五分法身香」，乃是要我們開發自性中本具的戒、定、慧、解脫、解脫知見等「五分法身」。這和敦煌本《壇經》的「無相戒」，要我們開發自性中本具的三身佛——法身、報身、應身，其實並無本質上的不同。

五祖弘忍的禪法是「齊速念佛名，令淨心」（詳第一章第二

---

❹ 引見《大正藏》卷48，頁353，下–354，上。
❷ 引見前書，頁 353，下。

節），而他的弟子輩，也有加入「傳香」的方便。宣什宗❸，即是弘忍門下常常採用「傳香」方便的宗派。唐・宗密，《圓覺經大疏鈔》卷 3-下，曾這樣描寫宣什宗的「傳香存佛」法門：

> 言傳香者，其初集衆，禮懺等儀式……欲授法時，以傳香為師資之信。和上手付弟子，卻授和上，和上卻授弟子。如是三遍，人皆如此。言存佛者，正授法時，先說法門道理、修行意趣，然後令一字念佛。初引聲由念，後漸漸沒聲、微聲，乃至無聲。送佛至意，意念猶麤。又送至心，念念存想，有佛恒在心中，乃至無想盡得道。❹

念佛的方便，雖然不曾被惠能所採用；但是，依照宗寶本《壇經》的記載看來，傳香的方便卻依然是惠能禪法重要的一部分。另外，印順曾經指出，傳香和受菩薩戒有關❺。例如，當天台宗的智顗，授菩薩戒給晉王（隋煬帝稱帝前之封號）時，即有這樣的描述：「今奉請為菩薩戒師。便傳香在手，而臉下垂淚。」又說：「即於內第躬傳戒香，授律儀法。」❻四祖道信以來的禪法，

---

❸ 唐・宗密，《圓覺經大疏鈔》卷 3-下，曾對宣什宗做了這樣的說明：「即南山念佛門禪宗也。其先亦五祖下分出，法名宣什。果州未和尙、閬州蘊玉、相如縣尼一乘皆弘之。余不的知稟承師資昭穆。」（引見《卍續藏》冊 14，頁 279，c。）引文中的果州，即今四川蒼溪縣；閬州，即今四川閬中縣；相如縣也在四川。所以，這是弘忍下一支流傳於四川的禪法。

❹ 引見《卍續藏》冊 14，頁 279，c。

❺ 詳見印順，《中國禪宗史》，頁 155。

❻ 以上皆見《大正藏》卷 50，頁 566，上-中。

具有戒禪合一的特色（詳第一章第二節），這一特色仍然保存在
惠能的禪法之中，並沒有因爲年代久遠，或如傳說中改以《金剛
經》做爲心印，而有所變更。

第五項　從「說摩訶般若」到「解此法而輒謗毀」

　　前面各章節屢屢論及，惠能和《金剛般若波羅蜜經》有著特
殊的因緣。 另外， 第一章第二節中， 也說到四祖道信的禪法，
受到《文殊說般若經》的深重影響。事實上，從初祖菩提達摩開
始， 禪宗就和《般若經》 有著密不可分的關係。達摩「二入四
行」中的「稱法行」，說到「法體無慳，於身命財行檀捨施，心
無吝惜，達解三空，不倚不著，但爲去垢……」❼，依照印順的
說法，引文中的「三（輪體）空」，卽是《般若經》裏的思想。
印順還說：「達摩傳《楞伽》的如來（藏）禪，而引用《般若》
……可能與達摩的曾在江南留住有關。」❽可見禪宗從一開始，
就是一個注重《般若經》的宗派。惠能的特別宗重「摩訶般若波
羅蜜」，也就變得可以理解了。

　　敦煌本《壇經》 當中， 說到「摩訶般若」 的地方， 從經題
——「南宗頓教最上大乘摩訶般若波羅蜜經六祖大師於韶州大梵
寺施法壇經」，到內文，處處可見。經文一開始卽說：「惠能大
師， 於大梵寺講堂中， 昇高座， 說摩訶般若波羅蜜法。」❾而在
內文之中， 當惠能說完了「無相三歸依戒」之後， 也用了一長段

---

❼　唐・淨覺，《楞伽師資記》；引見《大正藏》卷85，頁1285，中。

❽　詳見印順，《中國禪宗史》，頁13。印順的意思是：南北朝時代，
　　江南流行《般若經》；菩提達摩之所以在他的作品裏引用《般若經》
　　的「三空」思想，可能和他曾在江南住過有關。

❾　引見《大正藏》卷48，頁337，上。

的篇幅，說明「摩訶般若波羅蜜」；首先是對「摩訶」一詞的解釋：

> 今既自歸依三寶，總各個至心，與善知識說摩訶般若波羅蜜法。……摩訶般若波羅蜜者，西國梵語，唐言大智慧到彼岸。……何名摩訶？摩訶者，是大。心量廣大，猶如虛空。……虛空能含日月星辰，大地山河，一切草木，惡人善人，惡法善法，天堂地獄，盡在空中。世人性空，亦復如是。性含萬法是大，萬法盡是自性。見一切人及非人，惡之與善，惡法善法，盡皆不捨，不可染著。由如虛空，名之為大。此是摩訶。⑩

引文中，說到梵文中所謂的「摩訶」(mahā)，是「大」的意思。而所謂的「大」，必須體悟到我人的心量像虛空一樣的廣大；廣大到能含容人與非人（鬼神等）、惡（法）及善（法）⑪。而最值得注意的是，「性含萬法是大，萬法盡是自性」兩句經文。這兩句經文，宗寶本《壇經》——《六祖大師法寶壇經‧般若第二》作：「自性能含萬法是大，萬法在諸人性中。」⑫意思和敦煌本並無二致。宗寶本《壇經‧行由第一》曾記載，當弘忍為惠

---

⑩　引見《大正藏》卷48，頁339，下-340，上。

⑪　對於「摩訶」一詞，《六祖大師法寶壇經‧般若第二》，曾有更詳細的解釋：「心量廣大猶如虛空，無有邊畔，亦無方圓大小，亦非青黃赤白，亦無上下長短，亦無瞋無喜，無是無非，無善無惡，無有頭尾。」（引見《大正藏》卷48，頁350，上。）

⑫　引見《大正藏》卷48，頁350，中。

能說《金剛經》，惠能因而悟到「一切萬法不離自性」，並且說了下面的幾句話：「何期自性本自清淨……何期自性能生萬法！」❺❸這些思想，都和敦煌本「摩訶」一詞的說法相吻合。無疑地，這是四卷本《楞伽經》中，萬法皆佛性（如來藏）所生之唯心論（idealism）的思想。

什麼是「般若」呢？敦煌本《壇經》解釋說：

> 何名般若？般若是智慧。一切時中，念念不愚，常行智慧，卽名般若行。一念愚，卽般若絕；一念智，卽般若生。世人心中常愚，自言我修般若。般若無形相，智慧性卽是。❺❹

在這裏，惠能強調念念不愚，時刻都以智慧觀照；這卽是「般若行」。事實上，惠能還以為般若是人人所本來的；所謂：「菩提般若之知，世人本自有之。」❺❺因此，只要一念之間開始修般若行，那麼，卽刻可以轉凡入聖，開悟成佛。所以，惠能說：「悟此法者，悟般若法，修般若行。不修卽凡，一念修行法身等佛。善知識！卽煩惱是菩提，前念迷卽凡，後念悟卽佛。」❺❻

以上是「說摩訶般若」，下面是「我法為上上根人說」：

敦煌本《壇經》明白地說到，般若波羅蜜法是「最上乘法」，專門為「大智上根人」或「大智之人」、「大乘者」而說。這意

---

❺❸　引見《大正藏》卷48，頁349，上。

❺❹　引見前書，頁340，上。

❺❺　敦煌本《壇經》；引見《大正藏》卷48，頁338，中。

❺❻　同前注。

味還有「少根智人」或「少根之人」，並不是惠能或禪門所要度
化的對象。敦煌本《壇經》說：那些「少根智人」，由於「聞法
心不生信」，就像大龍下大雨在閻浮提（即現實世界）上，使得
「城邑聚落，悉皆漂流，如漂草葉」。因此，「少根智人」是不
適宜聽聞般若波羅蜜法的。相反地，大雨如果下在大海之中，海
水則「不增不減」；就像「大乘者」，「聞說《金剛經》，心開悟
解」一般。這是把雨水比喻爲佛法，雨水有大、小之分，般若波
羅蜜法就像大雨一樣，並不是任何人聽了之後都能夠信受的❺❼。

　　惠能除了以閻浮提中的城邑聚落和大海，來比喻大、小不同
的根器之外；另外還以「大地草木」，來比喻「少根之人」或
「根性小者」。他說：

> 少根之人，聞說此頓教，猶如大地草木，根性小者，若被
> 大雨一沃，悉皆自倒，不能增長。少根之人，亦復如是。
> 有般若之智，與大智之人，亦無差別。……般若之智，亦
> 無大小。爲一切衆生，自有迷心，外修覓佛，未悟自性，
> 卽是小根人。❺❽

引文中說到，般若之智本來並沒有大、小之分，它是大、小根人
都本來具有的德性；但是因爲衆生「自有迷心，外修覓佛，未悟
自性」，以致而成了小根之人。相反地，那些不自迷，不外修覓
佛，而悟得「自性」的人，卽成了大根之人了。

---

❺❼　以上詳見《大正藏》卷 48，頁 340，上-中。
❺❽　引見前書，卷 48，頁 340，中。

　　敦煌本《壇經》雖然不曾明說，但事實上，這也是禪法有頓、漸之分的原因。敦煌本《壇經》在解釋爲什麼有頓禪、漸禪之分時，曾說：

> 世人盡言南能、北秀，未知根本事由。……法卽一宗，人
> 有南、北；因此便立南、北。何以漸、頓？法卽一種，見
> 有遲、疾。見遲卽漸，見疾卽頓。法無漸、頓，人有利
> 鈍，故名漸、頓。❺⁹

也就是說，那些大根之人卽是「見疾」的「利根之人」，也是適合修習「南（宗惠）能」所宣揚的「頓敎」之人。相反地，那些小根之人卽是「見遲」的「鈍根之人」，只適合修習「北（宗神）秀」所宣揚的「漸禪」之人。

　　契嵩對《壇經》的思想，所歸納出來的最後兩個重點是：「從來默傳分付」和「不解此法而輕謗毀」。敦煌本《壇經》對這兩個重點，有這樣的說明：

> 將此頓敎法門，於同見同行，發願受持，如事佛。故終身
> 受持而不退者，欲入聖位，然須傳受。將從上已來，默然
> 而付於法。發大誓願，不退菩提，卽須分付。若不同見
> 解，無有志願，在在處處，必妄宣傳，損彼前人，究竟無
> 益。若遇人不解，謗此法門，百劫萬劫千生，斷佛種性。❻⁰

從引文看來，所謂的「從來默傳分付」的意思是：對於那些能夠

---

❺⁹　引見《大正藏》卷48，頁342，上-中。

❻⁰　引見前書，頁 340，下-341，上。

信受「頓教法門」，而又能夠「發大誓願，不退菩提」的大根、利根之人，就必須「默然而付於法」；也就是秘密地把這一頓教法門傳授給他。之所以要採取秘密傳法的方式，乃是爲了避免有人聽了之後，由於「不解」，而引生「謗此法門」的罪過。這卽是契嵩所謂的「不解此法而輕謗毁」。

以上是依照契嵩對於《壇經》的個人理解，而歸納出來的十三個重點，一一加以解說；其中不免有支離破碎之感。事實上，貫穿在這十三個重點中的思想，乃是「見性成佛」的問題。這一問題，也是《壇經》中最首要的哲理；我們將在本章下節詳細討論。

第二節　見性成佛與無住、無念、無相

第一項　《壇經》中的「自性」

自性，是《壇經》中最主要的概念[61]；這是一點都不誇大的說法。事實上，前節契嵩〈壇經贊〉所列舉的十三個有關《壇

---

[61] 在（敦煌本）《壇經》當中，自性一詞有許多同義語；例如，（眞如）本性、自心、本心、佛性、人性、自法性、覺性、（眞如）淨性，甚至簡單的一個「性」字。（參見《大正藏》卷48，頁337，上–345，中。）另外，也有一些人，例如日本的道元禪師 (1200-1253)，卻強烈地以爲「見（到自）性」並不是佛教的本意，甚至因而批判《壇經》是一部僞書。（參見約翰・喬金森（John Jorgensen），〈南陽慧忠和壇經邪說〉，收錄於《佛光山國際禪學會議實錄》，頁 314–324。又見大衞・普特尼（David Putney），〈神秀、六祖壇經和道元的佛性論〉，收錄於《佛光山國際禪學會議實錄》，頁 337–353。）

經》的中心思想，都與自性有著密不可分的關係。敦煌本《壇
經》當中，惠能自述他在五祖弘忍門下，所學習到的禪法即「頓
見眞如本性」的禪法；而所謂「眞如本性」，惠能常以「自性」
一詞來代替。敦煌本《壇經》說：

> 善知識！我於忍和尚處，一聞言下大悟，頓見眞如本性。
> 是故將此教法流行後代，令學道者頓悟菩提，令自本性頓
> 悟。若不能自悟者，須覓大善知識示道見性。㉖

引文中明白地說到兩件事情：（1）惠能在弘忍門下，是因為「頓
見眞如本性」而開悟的。（2）一個學習禪法者，如果不能自悟，
就必須找到一位「大善知識」，「示道見性」；其中，「見性」
一詞中的「性」字，無疑地，也是「自性」的同義語。從這兩點引
文的意含看來，自性確實是（敦煌本）《壇經》最主要的概念。

　　事實上，敦煌本《壇經》說到自性或其同義語的地方，到處
都是；例如：「不識本心，學法無益；識心見性，即悟大意。」
㉖再如：「見（弘忍）大師勸道俗但持《金剛經》一卷，即得見
性，直了成佛。」㉖另外，前面各章節屢屢論及，《六祖大師法
寶壇經・行由第一》曾經記載：弘忍半夜爲惠能講解《金剛經》
時，「惠能言下大悟：一切萬法不離自性」。於是向弘忍說：「何
期自性本自清淨，何期自性本不生滅，何期自性本自具足，何期
自性本無動搖，何期自性能生萬法！」㉖從這些點點滴滴，即可

㉖　引見《大正藏》卷 48，頁 340，下。

㉖　引見前書，頁 338，上。

㉖　引見前書，頁 337，上。

㉖　引見前書，頁 349，上。

證明，自性確實是《壇經》當中最首要的概念。

第二項　四卷本《楞伽經》中的「自性」

　　《壇經》中的自性一詞，顯然來自於四卷本《楞伽經》。該經說到自性的地方共有兩處，都出現在第一卷；其一是「七種性自性」，另一則是「三自性」。三自性是：妄想自性、緣起自性和成自性❻❻。其實，這卽是一般唯識經論中所謂的徧計所執性、依他起性和圓成實性。現在暫時按下不論，稍後我們再來討論它們。

　　和我們的主題具有直接關係的是七種性自性；它們是：集性自性、性自性、相性自性、大種性自性、因性自性、緣性自性、成性自性❻❼。對於這七種自性，唐·實叉難陀所譯的《大乘入楞伽經》卷 1，有大同小異的譯名：集自性、性自性、相自性、大種自性、因自性、緣自性、成自性❻❽。寶臣，《注大乘入楞伽經》卷 2，對於唐譯的這七種自性，曾有這樣的說明：集自性卽是煩惱；由煩惱而得之苦果卽是性自性；苦果的各種相狀卽是相自性；組成這些苦果相狀的四大種（地、水、火、風）卽是大種自性；以四大種為因、為緣，而形成苦果之各種相狀，卽是因自性、緣自性和成自性❻❾。

　　依照寶臣的解釋看來，七種自性都是就凡夫位之惡法而言。但是，明·宗泐和如玘所共撰的《楞伽阿跋多羅寶經註解》，卷1-上，卻有完全不同的說法：

---

❻❻　詳見《大正藏》卷 16，頁 487，下。
❻❼　詳見前書，頁 483，中。
❻❽　詳見前書，頁 593，下。
❻❾　詳見前書，卷 39，頁 445，下。

此七種自性名義，或約妄釋，是凡非聖；恐非經意。如下文云：「此是三世如來性自性第一義心。」又曰：「凡夫無性自性。」豈非性義是聖非凡耶？故當約聖釋。❼⓿

依照宗泐、 如𤺺的說法， 七種自性並不如寶臣所說的「是凡非聖」，相反的應該「是聖非凡」。他們進而解釋這七種自性說：集性自性就是萬善聚集之因；由集因而有內在之性與外在之相，這卽是性自性和相性自性；大種性自性是指成佛後所證得的常、樂、我、淨等「四大種果」； 這四大種果有親因和疏緣， 卽是因性自性和緣性自性；最後，因與緣所成就之佛果，卽是成性自性❼❶。

值得注意的是， 前面所引宗泐和如𤺺的 《楞伽經註解》 當中，提到了「性自性第一義心」；這是四卷本《楞伽經》所本有的❼❷。經文說：

此（七種自性）是過去、未來、現在諸如來應供等正覺性自性第一義心。（原注：此心梵音肝栗大。肝栗大，宋言心。謂如樹木心，非念盧心。念盧心，梵音云質多也。）以性自性第一義心， 成就如來世間、 出世間出世間上上法。❼❸

---

❼⓿ 引見《大正藏》卷16，，頁 351，上-中。

❼❶ 詳見前書，頁 351，中。

❼❷ 唐譯《大乘入楞伽經》中，「性自性第一義心」被譯為「法自性第一義心」。（詳見《大正藏》卷 16，頁 593，下。）

❼❸ 引見《大正藏》卷 16，頁 483，中。

在這段經文當中，確實是以「是聖非凡」的立場，亦卽「如來應供等正覺」的立場，來解釋「性自性第一義心」。而在原來的夾注裏面，特別把「性自性第一義心」一詞中的「心」，做了詳細的說明；以爲那是「肝栗大」而不是「質多」。肝栗大，應該是汗栗大或汙栗大（hṛd）之誤寫，它除了具有心靈的意思之外，還有（身體之）內部（例如胃腸）等意思；筆者以爲，這是經文爲什麼會說性自性第一義心「如樹木心」的原因❼。這種意義的「心」，顯然不同於質多（citta），那是注意、尋找、思慮、反省、想像、推理、回憶、希求等意思，也是經文夾注裏所說之「念盧（慮）心」的意思。

這樣看來，所謂「性自性第一義心」，是指泯除一切對立的知性內容、概念，而且具有堅實、精微性質的精神實體。它不是能推理，能分辨，有所希求的現象心；而是超越了概念對立、名相描述的超越心體（transcendental mind）。這樣意義的心體，乃是如來藏的異名。這點，可以從下面的事實得到證明：四卷本《楞伽經》，正如前文所提到的，除了論及七種自性之外，還論及妄想自性、緣起自性和成自性等三種自性。其中，妄想和緣起

---

❼ 四卷本《楞伽經》卷1，當經文說到「大乘諸度門，諸佛心第一」兩句時，也有兩句夾注：「此心如樹木堅實，心非念慮心也。」（引見《大正藏》卷16，頁481，下。）這一夾注，和經文對於「性自性第一義心」的夾注，具有同樣的意趣。另外，值得注意的是，「諸佛心第一」，乃四祖道信所特別宗重的思想，道信，《入道安心要方便》，曾說：「……我（道信）此法要，依《楞伽經》『諸佛心第一』。」（引見《大正藏》卷85，頁1286，下）因此，「如樹木堅實」，而且「非念慮心」這種意義的「諸佛心」，必然影響惠能對於「心」（包括性自性第一義心和諸佛心）的理解。

兩種自性，是偏就凡夫而言❼，因此並不是《壇經》所說的自
性。但是，第三成自性，顯然也和《壇經》的自性有關。四卷本
《楞伽經》卷1，對於成自性，有這樣的說明：「云何成自性?
謂離名相、事相妄想，聖智所得及自覺聖智，趣所行境界，是名
成自性如來藏。」❼引文清楚地說到，成自性是在斷除了名相妄
想和事相妄想❼之後，所顯發出來的解脫境界。這一境界是解脫
者的「自覺聖智」所趣、所行的理體，經中稱之爲「成自性如來
藏」。這和經文對「性自性第一義心」的解釋，並無二致；可見
性自性第一義心乃是（成自性）如來藏的異名。

　　在四卷本《楞伽經》中，（成自性）如來藏還有下面幾個重
要的意含：首先，它是「自性清淨」、「常住不變」，具足「三
十二相」的；但是卻被「（五）陰、（十八）界、（十二）入垢
衣所纏」，也被「貪、欲、恚、癡不實妄想塵勞所污」，以致喪
失了它的本來面目。經文卷2說：

---

❼　妄想自性，是指「名相」和「事相」兩種「計著相」；前者是對一
　　事物的計著，後者則對這些事物之「自相」或「共相」的計著。不
　　管是那一種計著，無疑地，它們都是就凡夫而說的。其次，經文對
　　緣起自性，只有下面簡單的兩句話：「若依若緣生，是名緣起。」
　　（以上參見《大正藏》卷16，頁487，下。）宗泐、如玘的《楞伽
　　阿跋多羅寶經註解》卷1-下，對於這兩句經文，有這樣的解釋：
　　「依卽因也，謂諸法從因緣而生。因緣有根塵因緣，有業惑因緣。
　　而業惑因緣又從根塵而起。凡世、出世間一切諸法，無有不從因緣
　　而生。」（引見《大正藏》卷39，頁362，下。）這樣看來，緣起
　　自性也是偏就凡夫而說的。

❼　引見《大正藏》卷16，頁487，下。

❼　名相妄想和事相妄想，是三自性中妄想自性所包含的兩種內容。參
　　見前注釋❼。

> 如來藏自性清淨，轉三十二相，入於一切眾生身中。如大
> 價寶，垢衣所纏。如來之藏常住不變，亦復如是。而陰、
> 界、入垢衣所纏，貪、欲、恚、癡不實妄想塵勞所污。**⑱**

其次，四卷本《楞伽經》的（成自性）如來藏，亦即性自性
第一義心， 還有另一個重要的意含： 幻生山河大地。經文卷 4
說：「如來之藏， 是善、不善因， 能遍興造一切趣生。譬如伎
兒，變現諸趣……爲無始虛僞惡習所熏，名爲識藏。」**⑲**引文說
到兩件事情：（1）如來藏能夠興造善、惡諸趣；因此它是一切眾
生（五趣）的生因；（2）它爲無始虛僞的惡習所熏染，變成了
染、淨和合的狀態，稱爲識藏**⑳**。

從以上的討論，我們可以把四卷本《楞伽經》對於「自性」
一詞所說的內含，歸納爲下面的幾點：

（1）自性是泯除一切概念對立之堅實、精微的心體；

（2）自性的本質是清淨的、常住不變的；

（3）自性隱藏在眾生的身心當中，而被煩惱所覆蓋；

---

⑱ 引見《大正藏》卷 16，頁 489，上。

⑲ 引見前書，頁 510，中。

⑳ 識藏，有時又譯爲藏識。四卷本《楞伽經》中，它和如來藏往往合
稱爲「如來藏識藏」。（詳見《大正藏》卷 16，頁 510，中-下。）
有時也說：「如來藏名藏識。」（引見前書，頁 512，中。）另外，
在元魏·菩提流支所譯的《入楞伽經》卷 7 當中，識藏被譯爲阿梨
耶識。而唐·實叉難陀所譯的《大乘入楞伽經》卷 2 當中，則被
音譯爲阿賴耶識，並義譯爲藏識。無疑地，它們都是梵文 ālaya-
vijñāna 的翻譯。

（4）自性生起一切的衆生和衆生所依的山河大地❸。

第三項　「自性」與無住、無念、無相

　　禪宗，由於初祖菩提達摩以來，就受到四卷本《楞伽經》的深重影響，因此，上面這四種四卷本《楞伽經》中「自性」的內含，也具體而微地出現在《壇經》當中。首先是第（1）之「泯除對立概念」，敦煌本《壇經》有這樣的說法：「於一切法不取、不捨，卽見性成佛道。」❸其中，由於「不取、不捨」而「見」到的「性」，顯然是泯除一切對立概念之後而證得的「性自性第一義心」或「成自性如來藏」；亦卽是「汗栗大」或「污栗大」心，而不是具有「念慮」的「質多」心。

　　其次，就第（2）個意含——自性清淨、常住不變而言，敦煌本《壇經》也有相似的說法：「世人性本自淨……自性常清淨。」又引《菩薩戒（經）》說：「《菩薩戒》云：『我本元自性清淨。』善知識！見自性自淨，自修自作自性法身，自行佛行，自作自成佛道。」❸

　　四卷本《楞伽經》中之「自性」的第（3）個意含——自性隱藏在衆生的身心當中，而被煩惱所覆蓋，同樣也在敦煌本《壇

---

❸　約翰・喬金森，〈南陽慧忠和壇經邪說〉一文，曾指出：《壇經》中的「自性」一詞，也和慧忠所批判之「南方宗旨」中的「見聞覺知卽是佛性」有關；甚至和先尼（又譯婆蹉）外道的「神我」邪說有關，也和婆羅門教六派之一的數論（僧佉，Sānkya）外道的「神我」有關。請參見。

❸　引見《大正藏》卷48，頁340，上。

❸　以上皆見前書，頁 339，上。其中的《菩薩戒經》，依印順《中國禪宗史》，頁 54，以及保羅・格羅能〈壇經的戒儀——以東亞佛教律宗爲觀點〉的說法，是指傳說乃鳩摩羅什所譯的《梵網經》。

經》當中出現：「人性本淨，爲妄念故，蓋覆眞如。離妄念，本性淨。」❽又說：「自性常清淨，日月常明，只爲雲覆蓋，上明下暗，不能了見日月星辰。……世人性淨，猶如清天。……妄念浮雲蓋覆，自性不能明。」❽

　　最後，四卷本《楞伽經》中之「自性」的第 (4) 個意含——自性生起一切山河大地，也一樣出現在敦煌本《壇經》之中：「萬法在自性」、「一切法盡在自性」、「於自性中萬法皆見」、「一切法自在性」❽。經文甚至把自性比喻爲虛空：虛空能含日月星辰、山河大地等萬法，如同自性能含萬法一般。經文說：「心量廣大，猶如虛空……能含日月星辰、大地山河、一切草木。惡人善人、惡法善法、天堂地獄、盡在空中。世人性空，亦復如是。性含萬法，是大。萬法盡在自性。」❽

　　敦煌本《壇經》甚至具體而微地描述，自性如何生起萬法的整個過程：

　　　　自性含萬法，名爲含藏識。思量即轉識，生六識，出六門，見六塵。是三六十八，由自性邪，起十八邪。若自性正，起十八正。若惡用，即衆生；善用，即佛。用由何等？由自性。❽

引文中說，由於自性含藏著十八種邪與正的萬法，所以自性又被

------

❽　引見《大正藏》卷48，頁338，下。
❽　引見前書，頁 339，上。
❽　以上皆見前書。
❽　引見前書，頁 339，下。
❽　引見前書，頁 343，中。

稱爲「含藏識」。這十八種邪、正萬法是：眼識、耳識、鼻識、舌識、身識、意識等「六識」；眼根、耳根、鼻根、舌根、身根、意根等「六門」（六根）；以及色、聲、香、味、觸、法等「六塵」。其中，六識和六門（六根）是存在於衆生身心之中的內在心靈（六識）以及它們活動的器官（六門）；而六塵則是六識透過六門所要認識的外在世界。因此，衆生身心之中的內在心識，乃至衆生身心之外的外在世界，這十八種邪、正萬法，全都以潛藏的方式，內存於自性（含藏識）當中。如果沒有特殊的原因，它們並不會自動從含藏它們的自性當中顯現出來。但是，只要自性有所「思量」，潛藏狀態的十八種邪、正萬法，就會顯現而成實際的山河大地等萬法。首先，自性（含藏識）會先轉變而成「轉識」❽❾，然後再由轉識進一步轉變而成十八種邪、正萬

---

❽❾ 轉識一詞來自於四卷本《楞伽經》卷1：「轉識、藏識眞相若異者，藏識非因；若不異者，轉識滅，藏識亦應滅。而自眞相實不滅。是故，大慧！非自眞相識滅，但業相滅。若自眞相滅者，藏識則滅。大慧！藏識滅者，不異外道斷見論議。」（引見《大正藏》卷16，頁483，中。）原來，四卷本《楞伽經》說到三種心識：眞識、現識和分別事識。眞識即如來藏或性自性第一義心，現識即藏識（阿梨耶識）中的「相分」，而分別事識則是眼、耳、鼻、舌、身、意等六識。其中，眞識和現識是不滅的，只有分別事識才有停止作用的可能。另外，四卷本《楞伽經》卷1，又說到三種相：轉相、業相和眞相。（詳見《大正藏》卷16，頁483，上。）轉相，指的是一切的心識都由如來藏所轉變而生起的意思。因此，轉識乃指如來藏（眞識）或與之無法分割之現識（阿梨耶識之相分），所轉變而生起的心識，它們即是眼、耳、鼻、舌、身、意等六識，亦即分別事識。在此，惠能用到了四卷本《楞伽經》裏的「轉識」概念，不必一定是原經的意思。惠能的意思可能只是：由含藏識轉變而生起的心識，即是轉識；並由轉識更進一步轉變而生起十八種邪、正萬法。

法。因此，歸根究底地說，這十八種邪（衆生）、正（佛）萬法，其實都只是自性（含藏識）所顯發出來的作用而已。

《壇經》中的「自性」一詞，除了保留四卷本《楞伽經》「自性」一詞的四個意含之外，還有不同於經文的內含；這才是《壇經》的重要特色。它這一特色，則和《壇經》的另外三個概念——無住、無念、無相有關。本章前節已經屢屢論及，敦煌本《壇經》當中，曾經說到：「眞如是念之體，念是眞如之用。」在這種前提之下，「無住」一詞的意思是：眞如本性（自性）所顯發出來的作用——心念，乃念念不住的意思。所以敦煌本《壇經》說：「無住者，爲人本性，念念不住。前念、今念、後念，念念相續，無有斷絕。」經文甚至還警告說：「若一念斷絕，法身卽是離色身……一念若住，念念卽住，名繫縛。」這樣看來，所謂無住，其實是指：作爲「眞如之用」的心念，在本質上卽不可能停住不動；這是從本體論（ontology）的觀點，來談「無住」一詞的意義。但是，經文還從宗敎實踐的立場，來界定「無住」一詞的內含：「念念時中，於一切法上無住。」「於一切法上，念念不住，卽無縛也。」所以，無住除了具有本體論的意義之外，還有另外一個意思：不要住著在任何一個特定的心念或事物之上⑨。這時，無住就是不住著、不執著的意思；無疑地，這種意義的無住，宗敎實踐的意義大於本體論的哲學意義⑨。

---

⑨ 以上皆見《大正藏》卷48，頁338，下。
⑨ 傳說中，惠能是因爲弘忍爲他講解《金剛經》的經文——「應無所住而生其心」，而開悟的。「無所住」，其實卽是這裏所說的「無住」。另外，敦煌本《壇經》曾多次引用《維摩詰經》裏的話。（詳見《大正藏》卷48，頁338，中-339，上。）因此，《壇經》的「無住」一詞，或許也和《維摩詰經‧觀衆生品》中之「從無住本立一切法」有關。（參見《大正藏》卷14，頁547，下。）

在「眞如是念之體，念是眞如之用」的最高預設之下，「無念」一詞，同樣也有本體論上的哲學意義和宗教上的實踐意義。無念一詞在本體論上的哲學意義是：心念既然是眞如之用，眞如是不可能斷除的，因此，心念也是不可能斷除的。在這種意義之下，所謂「無念」，並不是沒有念頭或不要有念頭，而是讓念頭隨其念念不住（無住）的本性，去活動；這卽是宗教上的實踐意義。所以，敦煌本《壇經》說：「道順通流，何以卻滯？心不住在卽通流，住卽被縛。」❾❷又說：「莫百物不思，念盡除卻。一念斷卽無，別處受生。」❾❸又說：「莫百物不思，當令念絕，卽是法縛，卽名邊見。」❾❹另外，所謂讓念頭隨其無住的本性去活動，還有一個重要的意思是：不要讓念頭住著於特定的事物之上。在這種意義之下，無念其實和無住的意義沒有兩樣。敦煌本《壇經》卽說：

　　無念法者，見一切法，不著一切法；遍一切處，不著一切處。常淨自性，使六賊（指六塵）從六門走出，於六塵中不離不染，來去自由，卽是般若三昧自在解脫，名無念行。❾❺

而無相呢？相，是指外在世界中千差萬別的事物，例如男女

❾❷ 引見《大正藏》卷48，頁338，中。
❾❸ 引見前書，頁 338，下。
❾❹ 引見前書，頁 340，下。
❾❺ 同前引。

相、大小相、善惡是非相、長短相等。依照四卷本《楞伽經》和敦煌本《壇經》的唯心論哲學，這些千差萬別的萬相，全都由眞如本性所幻生。由於眞如本性是超越的心體，因此，由之而生起的「相」，其實也是心靈的一種。就一般人來說，外在世界中的萬相，往往被視爲離內「心」而獨存的外「物」；但是，就四卷本《楞伽經》和敦煌本《壇經》而言，並沒有離內「心」而有的外「物」；外在世界中的萬相，全都是某種意義的「心」。在這種意義之下，「相」必然也和心一樣，是變動的、無住的。心不可住著，同樣地，「相」也不可住著。心不可住著是無住、無念；同樣地，「相」不可住著，則稱爲無相。所以敦煌本《壇經》說：「無相者，於相而離相。」「外離一切相，是無相。但能離相，性體清淨，是以無相爲體。」⑨⑥

　　從以上的分析，我們可以得到下面的結論：內部含藏著一切邪、正萬法的自性（又名含藏識、眞如），原本是自性清淨、常住不變的。但是卻被眾生的煩惱所覆蓋，以致自我思量，並流變而成一切萬法。一切萬法，包括主體的心念和客體的萬相。因此，念與相都由自性所生，其本質也是清淨的。這樣一來，本質清淨的心念和萬相，卽不可斷、不應斷；只要不住著在它們之上，不被它們所束縛卽可。

　　念與相乃由自性所生，這是四卷本《楞伽經》的思想；它偏向於哲理上的詮釋。不住著於念與相的無住，以及由它衍生出來的無念和無相，則多分《金剛經》的般若思想；這是偏於實踐意

---

⑨⑥ 引見《大正藏》卷48，頁338，下。

義的指示❾。我們可以用下面的圖表，來歸納這幾個概念之間的關係，並做爲本節的結論：

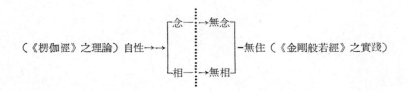

（《楞伽經》之理論）自性→→　　　　　—無住（《金剛般若經》之實踐）

　　圖表中連續兩個箭頭表示：由自性生起心念與萬相。一個箭頭表示：四卷本《楞伽經》之自性生起念與相的理論，可以推衍出《金剛般若經》之無住、無念、無相的三種實踐法門。而這二者——理論與實踐，具有不同的意義，因此我們用虛線把它們分割開來❾。

---

❾　由自性生起念與相的理論，乃來自於四卷本《楞伽經》的思想；這點我們已在前文屢屢論及，在此不再贅言。但是，無住、無念、無相三者，乃多分《金剛經》的思想，則必須補充說明如下：《金剛經》一再強調「不應住色（聲、香、味、觸、法）生心」、「應無所住而生其心」，相反地，應該生起「清淨心」。（詳見《大正藏》卷8，頁749，下。）另一方面又強調：「諸心皆爲非心」、「過去心不可得，現在心不可得，未來心不可得」。（詳見前書，頁751，中。）這些都和《壇經》的無住、無念有關。另外，《金剛經》又說到「不住於相」、「不住相布施」、「凡所有相皆是虛妄」，乃至無我相、人相、衆生相、壽者相（詳見前書，頁749，上。），它們都和《壇經》的無相有關。因此，無住、無念和無相，顯然來自於《金剛經》的啓發。

❾　有關自性和無住、無念、無相三者之間的關係，一個更加詳細的討論，請參見楊惠南，〈壇經中之「自性」的意含〉，收錄於《佛光山國際禪學會議實錄》，頁110–123。

第五章　惠能後的禪宗

第一節　惠能的主要弟子

　　本書第二章第二節，曾論及敦煌本《壇經》所提到的惠能晚年「十大弟子」；他們是：法海、志誠、法達、智常、志通、志徹、志道、法珍、法如，以及神會。其中，除了神會和法海二人之外，另外的八個少有人知。神會由於在惠能逝世之後二十餘年間，多次舉辦「無遮大會」，強力批判北宗的神秀、普寂，因而名聲大噪一時；他又開展出荷澤宗（詳下文），這也是他成名的原因。神會的主要活動地區是唐朝的京畿地帶——長安、洛陽，代表了中原一帶的禪法。事實上，中原一帶傳法的惠能弟子，除了神會之外，還有司空山的本淨、南陽慧忠。本淨於天寶年間（約 744 年），應詔入京；慧忠則於上元二年（761 年），應肅宗之請入西京長安❶。

　　其次，「十大弟子」中的法海，則因傳說是《壇經》的記錄者、編撰者，所以成名（詳第四章第一節）。他和十大弟子中的另一位——志道，都是代表留在嶺南一帶弘法的惠能弟子。事實

---

❶ 詳見《宋高僧傳・卷 8・司空山釋本淨傳》，《大正藏》卷 50，頁 758，下。又見《宋高僧傳・卷 9・唐均州武當山慧忠傳》，《大正藏》卷 50，頁 662，下。

上，除了這兩位之外，還有看守惠能衣塔的令韜❷、廣州吳頭
陀、羅浮山定眞、廣州淸苑法眞等人，也都在嶺南弘化惠能的禪
法❸。留在嶺南弘化的這些弟子，主要的貢獻是：編撰《壇經》，
撰寫〈瘞髮塔記〉、〈六祖大師法寶壇經略序〉、《曹溪大師別
傳》等文（書），把惠能的事跡大大地傳揚開來。這些傳說中的
事跡，後來都被洪州宗（詳下文）的門人改編而成《寶林傳》，
廣泛流傳於江南。無疑地，這些弟子對於南禪的流行，有著不可
磨滅的功勞。

　　除了敦煌本《壇經》所提到的「十大弟子」之外，事實上，
惠能還有另外的一些弟子。從後代禪宗的發展史看來，他們都來
得比十大弟子重要。這些弟子的活動地區是中國的精華地帶——
江南；其中，主要的有：永嘉玄覺、青原行思和南嶽懷讓三人。
永嘉玄覺，《宋高僧傳・卷8・唐溫州龍興寺玄覺傳》，曾有這
樣的記載：「與東陽策禪師肩隨遊方詢道，謁韶陽能禪師，而得
旨焉。」❹另外，《景德傳燈錄・卷5・溫州永嘉玄覺禪師傳》，
則說：「後因左谿朗禪師激勵，與東陽策禪師同詣曹谿。」❺引
文中的東陽策禪師，卽《（景德）傳燈錄・卷5・婺州玄策禪師
傳》當中所提到的婺州玄策。《傳燈錄》中，玄策自稱：「我師

---

❷ 令韜曾寫了一篇短文，往往附在流行本（例如宗寶本）《壇經》的
　後面。文中提到開元十年（722年），張淨滿受到新羅僧金大悲的
　賄賂，盜取惠能的靈骨等事跡。（詳見《大正藏》卷48，頁364，
　中-下。）

❸ 詳見印順，《中國禪宗史》，臺北：慧日講堂，1978（3版），頁
　228。其中，印順懷疑法眞卽是十大弟子中的法珍。

❹ 引見《大正藏》卷50，頁758，上。

❺ 引見前書，卷51，頁241，上-中。

曹谿六祖（即惠能）」，並且把惠能的禪法，描寫成為這樣：
「夫妙湛圓寂，體用如如。五陰本空，六塵非有。不出不入，不
定不亂。禪性無住，離住禪寂。禪性無生，離生禪想。心如虛
空，亦無虛空之量。」❻ 基本上，這種禪法仍是四卷本《楞伽
經》之佛性思想和《（金剛）般若經》之般若空思想的綜合❼，
符合了惠能的禪法特性。永嘉玄覺即是受到玄策的影響，而拜在
惠能的門下。值得注意的是，前面所引《傳燈錄》的記載還說
到，玄策和玄覺二人都是受到左谿朗的「激勵」，而後才參訪惠
能。左谿朗，即天台宗的第八代祖左谿玄朗；可見玄覺和天台宗
的禪法，有著密切的關聯。這也告訴我們，南禪和天台止觀之
間，也有若即若離的關係。事實上，《傳燈錄》也說到：玄覺在
禮見惠能之前，已經是一位「精天台止觀圓妙法門」的僧人❽。
收錄玄覺之雜文、書信的《禪宗永嘉集》，也收有一篇名叫〈大
師答（左谿玄）朗禪師書〉的信函❾。另外，值得一提的是，玄
覺受到惠能的指點之後，只在惠能的寺院留住了一宿，因此玄覺
的開悟被稱為「一宿覺」❿。

　　在江南弘化的另一個惠能的重要弟子是青原行思（？～740）。
《景德傳燈錄·卷5·吉州青原山行思禪師傳》，曾說：行思是
一個常常「默然」不說話的修行人。又說，惠能「會下學徒雖

---

❻ 引見《大正藏》卷51，頁243，下。

❼ 頭兩句——「妙湛圓寂，體用如如」，乃四卷本《楞伽經》的佛性
　　思想；其他各句則多分《般若經》的思想。

❽ 詳見《大正藏》卷51，頁241，上。

❾ 詳見前書，卷48，頁394，上-下。

❿ 詳見《景德傳燈錄·卷5·溫州永嘉玄覺禪師傳》；《大正藏》卷
　　51，頁241，中。

衆」，但行思卻「居首焉」，「亦猶二祖（指慧可）不言，少林
（指菩提達摩）謂之得髓矣」⓫。由此可見行思受到惠能重視的
程度。行思有個弟子石頭希遷（700～790），開創了石頭宗，我
們將在下面詳細介紹。

　　我們要介紹的第三位在江南活動的惠能弟子，是南嶽懷讓
（677～744）。按照《景德傳燈錄·卷5·南嶽懷讓禪師傳》的
記載，懷讓原本依弘景律師出家學律，卻感歎律學並非「無爲
法」。因此，同學坦然禪師勸告他到嵩山安和尚（弘忍弟子）那
裏參學；安和尚則指點他到惠能那裏學禪。惠能稱讚懷讓他是足
下「蹋殺天下人」的「一馬駒」⓬，可見懷讓受到惠能重視的情
形。懷讓有個重要的弟子，名叫馬祖道一（？～788），開創出洪
州宗，影響後世禪宗甚鉅；我們將在下面詳細介紹。

第二節　荷澤宗·石頭宗·洪州宗

　　惠能逝世後的一百年間，南禪分裂爲幾個大宗派，其中尤以
神會所開創出來的荷澤宗、希遷所開創出來的石頭宗，以及道一
所開創出來的洪州宗最爲重要。荷澤，是神會所曾住過的洛陽荷
澤寺⓭。神會傳法給法如，法如又傳法給惟忠，然後再傳圭峰宗

⓫　引見《大正藏》卷51，頁240，上。在此，少林（菩提達摩）稱讚
　　二祖慧可「得髓」一事，顯然是指達摩晚年傳法的故事。（參見第
　　一章第一節第二項。）

⓬　詳見《大正藏》卷51，頁240，下。但這一「蹋殺天下人」的「一
　　馬駒」，也可了解爲懷讓的弟子馬祖道一。

⓭　《宋高僧傳·卷8·唐洛京荷澤寺神會傳》，曾說：由於神會幫助
　　朝廷平定安史之亂，肅宗皇帝獎勵他的功勞，因而「詔入內供養」，
　　並且爲他建造禪室於荷澤寺中。（詳見《大正藏》卷50，頁757，上。）

密（780～841），成爲荷澤宗的集大成者。宗密，《圓覺經大疏》
卷上-2，曾說：

> 黃梅（弘忍）門下，南、北又分……有拂塵看淨，方便通
> 經；有三句用心，謂戒、定、慧；有教行不拘，而滅識；
> 有觸類是道，而任心；有本無事，而忘情；有藉傳香，而
> 存佛；有寂知指體，無念爲宗。❹

引文中說到，五祖弘忍之後，南、北禪宗分裂而成許多家。其
中，「拂塵看淨，方便通經」一家，依宗密，《圓覺經大疏鈔》
卷 3-下的說法，是指神秀及其弟子普寂所弘傳的禪法；「三句
用心，謂戒、定、慧」一家，指的是智詵、無相（成都淨衆寺金
和尚）所弘傳的禪法；「教行不拘，而滅識」一家，指的是老母
安和尚所傳的禪法；「觸類是道，而任心」一家，指的是道一禪
師的禪法，我們將在下面詳細討論；「本無事，而忘情」一家，
指的是牛（原作午）頭慧融的牛頭禪；「藉傳香，而存佛」一
家，指的是宣什宗，我們已在前一章討論過；而第七家是「寂知
指體，無念爲宗」，指的即是神會到宗密之間的荷澤宗❺。
　　什麼是荷澤神會的「寂知指體，無念爲宗」呢？《圓覺經大
疏鈔》卷 3-下，有這樣的說明：

> 《（圓覺經大）疏》有「寂知指體，無念爲宗」者，即第

---

❹ 引見《卍續藏》冊 14，頁 119，c。
❺ 詳見前書，頁 277，c-280，a。

七家也，是南宗第七祖荷澤神會大師所傳。謂萬法既空，心體本寂，寂即法身。即寂而知，知即真智，亦名菩提、涅槃。……此是一切眾生本源清淨心也，是自然本有之法。言無念為宗者，既悟此法本寂、本知，理須稱本用心，不可遂起妄念。但無妄念，即是修行。故此一門，宗於無念。……又六家皆未指出靈心，今第七剋體直指寂知。❻

從引文看來，荷澤神會的禪法，主張人人本來都有一顆「寂（然而又能）知」的「清淨心」。（這是四卷本《楞伽經》裏的佛性思想。）為了保持這顆清淨心的本來面目——寂然而又能知，必須去除妄念；這即是「無念」。（這是多分《（金剛）般若經》的般若空思想。）這一禪法，和敦煌本《壇經》有同有異。人人都有「寂知」的「清淨心」，這和敦煌本《壇經》的說法相同；但是「無念」，在敦煌本《壇經》當中，指的是「於一切境上不染」，而不是「百物不思，念盡除卻」。因此二者在「無念」上有著顯著的差異。（詳第三章第一節）

宗密是一位主張「教、禪合一」的高僧，他在《禪源諸詮集都序》卷上-2當中，列出了「禪三宗」和「教三種」，然後一一加以比較、配對❼。其中，禪三宗當中的「直顯心性宗」，亦即

❻ 引見《卍續藏》冊 14，頁 279，d 。

❼ 禪三宗是：(1) 息妄修心宗；(2) 泯絕無寄宗；(3) 直顯心性宗。與之分別相配的教三種則是：(1) 密意依性說相教；(2) 密意破相顯性教；(3) 顯示真心即性教。（詳見《大正藏》卷 48，頁 402，中-405，下。）另外，有關宗密「教、禪合一」的主張，請參見冉雲華，《宗密》，臺北：東大圖書公司，1988，頁 244-253。

教三種當中的「顯示眞心卽性教」，卽是荷澤神會的禪法。從宗
密對它們的分析，我們也可以看出荷澤宗的主要思想：

> 三、直顯心性宗者，說一切法，若有、若空，皆是眞性。
> 眞性無相、無爲，體非一切。謂非凡、非聖、非因、非
> 果、非善、非惡等。然卽體之用，而能造作種種。謂能
> 凡、能聖，現色、現相等。⓲

引文中說到一切事物都由一顆「無相無爲」、「非凡非聖」的眞
心所生起。基本上這是四卷本《楞伽經》的佛性思想，並無奇特
之處。神會思想的奇特之處，是在他所標舉的開發這顆眞心的修
行方法。宗密爲了介紹神會的思想，又把直顯心性宗分成兩類：
其一是把「能語言、動作、貪、嗔、慈、忍、造善惡、受苦樂
等」的身心作用，視爲卽是佛性。因此，在修行上，強調「不起
心修道」⓳。這一禪法卽是道一禪師所開創出來的洪州宗，我們
將在下面詳細介紹。直顯心性宗的另外一類，卽是荷澤神會的禪
法；宗密這樣介紹它：

> 諸法如夢，諸聖同說。故妄念本寂，塵境本空。空寂之
> 心，靈知不昧。卽此空寂之知，是汝眞性。任迷任悟，心
> 本自知。不藉緣生，不因境起。知之一字，衆妙之門。由
> 無始迷之故，妄執身心爲我，起貪、嗔等念。若得善友開

⓲　《禪源諸詮集都序》卷上-2；引見《大正藏》卷48，頁402，下。
⓳　詳見前書。

示，頓悟空寂之知，知且無形，誰為我相、人相？覺諸相
空，心自無念。念起即覺，覺之即無。修行妙門，唯在此
也。故雖備修萬行，唯以無念為宗。❷

引文中說到眾生的心性原本是「靈知不昧」的，但由於無始以來
的執迷，因而生起了貪、嗔、癡等妄念。只要在妄念生起的時
候，覺悟到它們的虛妄，即達「無念」的境地；此時，也是解脫
的境地。視心體為「靈知不昧」，強調「知（之一字，眾妙之
門）」，乃神會禪法的特色。較晚成書的宗寶本《壇經》——《六
祖大師法寶壇經·頓漸第八》，即曾描寫惠能批評神會是個「知
解宗徒」❷。對於這一「知」字，宗密在解釋「教三種」中的第
三「顯示真心即性教」時，曾有詳細的分析：

三、顯示真心即性教：（原注：直指自心即是真性，不約
事相而示，亦不約心相而示，故云即性。不是方便隱密之
意，故云顯示也。）此教說一切眾生皆有空寂真心，無始
本來性自清淨。明明不昧，了了常知。盡未來際，常住不
滅。名為佛性，亦名如來藏，亦名心地。從無始際，妄想
翳之，不自證得，耽著生死。大覺愍之，出現於世，為說

---

❷ 引見《大正藏》卷48，頁402，下-403，上。

❷ 原文說：「一日，（惠能）師告眾曰：『吾有一物，無頭無尾，無
名無字，無背無面，諸人還識否？』神會出曰：『是諸佛之本源，
神會之佛性。』師曰：『向汝道，無名無字，汝便喚作本源、佛
性。汝向去有把茆蓋頭，也只成箇知解宗徒！』」（引見《大正
藏》卷48，頁359，中-下。）

生死等法，一切皆空。開示此心，全同諸佛。㉒

文中，明白說到神會所說「靈知不昧」的真心，即是佛經中所說
的佛性、如來藏等名詞。宗密甚至以為，禪宗歷代祖師以「默傳
心印」的方式，而傳承下來的禪法，即是這一「知」字，足見
「靈知」一詞在神會思想中的地位㉓。宗密說：

> ……達摩善巧，揀文傳心，標舉其名（原注：心是名也），
> 默示其體（原注：知是體也），喻以壁觀，令絕諸緣。
> ……故云默傳心印。所言默者，唯默知字，非總不言。六
> 代相傳，皆如此也。至荷澤時，他宗競播，欲求默契，不
> 遇機緣。又思惟達摩懸絲之記，（原注：達摩云：「我法
> 第六代後，命如懸絲。」）恐宗旨滅絕，遂明言「知之一
> 字，眾妙之門」。㉔

　　神會所開創出來的荷澤宗，雖然曾經取得唐朝皇室的正宗地
位（詳第二章第二節），但卻在中唐以後，迅速地沒落了。代之
而起的則是石頭希遷所開創出來的石頭宗，以及馬祖道一所開創
出來的洪州宗。

㉒ 宗密，《禪源諸詮集都序》卷上-2；引見《大正藏》卷48，頁404，
　　中-下。

㉓ 有關神會之「靈知」之心的詳細討論，請參見冉雲華，《宗密》，
　　第四章。它和《壇經》之間的關係，則請參見韓基斗，〈壇經版
　　本教義的改變和「知」的問題〉，收錄於《佛光山國際禪學會議實
　　錄》，高雄：佛光山，1990，頁357-361。

㉔ 《禪源諸詮集都序》卷上-2；引見《大正藏》卷48，頁405，中。

依照《景德傳燈錄・卷14・石頭希遷大師傳》的說法，希遷原本是惠能的弟子，尙未受具足戒時，惠能卽已逝世，因而囑其隨從師兄靑原行思學禪❷。因此，在一般的禪籍當中，都把希遷列入行思的弟子之中。石頭宗一名，來自於希遷所居住的地方。《傳燈錄》說：希遷在唐天寶年間，住在衡山南寺，寺的東方「有石狀如臺」，希遷於是在大石之上結庵居住，以致當時的人稱他爲「石頭和尙」❷。

石頭宗的禪法，宗密的《禪源諸詮集都序》卷上-2，把它列入「禪三宗」中的第二「泯絕無寄宗」和「敎三種」中的第二「密意破相顯性敎」。宗密說：

> 二、泯絕無寄宗者，說凡、聖等法，皆如夢幻，都無所有，本來空寂，非今始無。卽此達無之智，亦不可得。平等法界，無佛，無衆生；法界亦是假名。心旣不有，誰言法界？無修不修，無佛不佛。設有一法勝過涅槃，我說亦如夢幻。無法可拘，無佛可作。凡有所作，皆是迷妄。如此了達，本來無事。心無所寄，方免顚倒，始名解脫。石頭、牛頭下至徑山，皆示此理。……荷澤、江西、天台等門下，亦說此理，然非所宗。❷

從引文看來，泯絕無寄宗含有多分《（金剛）般若經》裏的空無思想。其中，「設有一法勝過涅槃，我說亦如夢幻」一句，明顯

---

❷ 詳見《大正藏》卷51，頁309，中。

❷ 詳見前書。

❷ 引見前書，卷48，頁402，下。

地引自《大品般若經》❷。引文還說到，屬於這一宗的派別，除了石頭宗之外，還有「牛頭下至徑山」。其中，牛頭，指的是住在牛頭山、開創出牛頭宗（牛頭禪）的法融（又名慧融，593～656）。在他的下面，還有第二代的智巖（576～654）、第三代的慧方（628～695）、第四代的法持（634～702）、第五代的智威（645～722）、第六代的慧忠（682～769）。另外，引文中提到的徑山，指的則是智威的弟子——鶴林玄素（？～752）。這些禪師，以南京（建康）南方二十餘里的牛頭山（又名青山）為活動中心，形成了特有的禪風，稱為牛頭禪或牛頭宗。

前文已經說過，希遷所開創的石頭宗，是因為希遷住在（湖南）衡山南寺東方的石臺之上而得名。這雖然離南京的牛頭山還有一段距離，但是，希遷的弟子輩，卻大都出生在長江流域以南❷，因此和牛頭宗有著密切的地緣關係；以致在思想和禪法上，必然也有一番的交流。

牛頭禪的主要思想是：「空為道本」、「無心合道」；它們都和老莊的「無為為天地本」、「無為」等思想有關。宋·永明延壽，《宗鏡錄》卷77，曾引述法融的思想：

---

❷ 鳩摩羅什所譯的《大品般若經》（《摩訶般若波羅蜜經》），卷8，〈幻聽品〉，曾說：「我說佛道如幻如夢，我說涅槃亦如幻如夢。若當有法勝於涅槃者，我說亦復如幻如夢！」（引見《大正藏》卷8，頁276，中）宗密「設有一法勝過涅槃，我說亦如夢幻」一句，顯然出自這段經文。

❷ 印順，《中國禪宗史》，頁412-413，曾指出石頭宗主要禪師的地緣關係，他們大都出生於江西、廣東、浙江、山西、湖北、四川、福建等地。

融大師問云：「三界四生，以何爲道本？以何爲法用？」

答：「虛空爲道本，森羅爲法用。」問：「於中誰爲造作

者？」答：「此中實無造作者，法界性自然生。」❸

從引文可以明顯地看出，法融以爲「（虛）空」之「道」，是全
宇宙（欲、色、無色等三界）中之所有生命體（胎、卵、濕、
化等四生），乃至一切事物的「（根）本」。三界四生和一切萬
事萬物，不過是這一「虛空」之「道」的千差萬別（森羅）之
「（法）用」而已。這和道家所謂「道生萬物」、「無爲爲天地
本」的說法，並無二致。

從「（虛）空爲道本」的這一說法，必然推衍出「道在萬
法之中」的泛神論（pantheism）思想。法融曾撰有《淨名經私
記》，永明延壽的《宗鏡錄》卷24，曾引述其中的泛神論思想：

《淨名私記》云：「或有光明而作佛事。何故如此？體遍
虛空，同於法界。畜生、蟻子、有情、無情，皆是佛子。
此即是解脫法，即是須彌入芥子。」❸

引文中的「無情皆是佛子」一句，不禁讓我們想起道家所謂「道
在瓦礫、螻蟻」的泛神論主張。

「（虛）空爲道本」推衍出「（有情和）無情皆是佛子」的
泛神論思想，而從這一泛神論思想，又可推衍出「無心合道」的

---

❸ 引見《大正藏》卷48，頁842，中。

❸ 引見前書，頁 552，中。

實踐方法。所謂無心合道，乃放任、自在、不刻意地去修行，卽能契合於最高眞理──「道」的意思。這和一般經論敎人修戒、定、慧等三學的說法不同，也和惠能敎人「淨心念摩訶般若波羅蜜法」❷、「修般若行，不修卽凡」❸的作法不同。法融說：「高臥放任，不作一個物，名爲行道。不見一個物，名爲見道。不知一個物，名爲修道。不行一個物，名爲行道。」❹

　　牛頭禪的這些說法，深重影響了希遷所開創出來的石頭宗和道一所開創出來的洪州宗。特別是石頭宗，由於地緣的關係，影響更加明顯。這從宗密把牛頭禪和石頭宗，同樣列入「禪三宗」中的「泯絕無寄宗」一事，卽可看出來。

　　石頭宗的道家化（牛頭禪化），可以從下面幾則有關希遷的故事得到更進一步的證明：「（弟子）問：『如何是禪？』（希遷）師曰：『碌磚！』又問：『如何是道？』師曰：『木頭！』」❺希遷把碌磚、木頭，視爲卽是最高的禪道，無疑地，和法融把無情視爲卽是佛子的泛神論思想，並無不同；也和道家主張道在瓦礫、螻蟻之中的說法，具有同工異曲之妙。希遷甚至寫了一篇短文，篇名同於道家哲學家魏伯陽的〈參同契〉。文中用了許多道家的術語，例如「大仙心」、「道」、「參玄人」等；並且提出了「觸目會道」的道家化思想。這篇短文說：

---

❷　敦煌本《壇經》；引見《大正藏》卷48，頁337，上。

❸　同前書，頁340，上。

❹　法融，《絕觀論》；引見印順，《中國禪宗史》，頁128。

❺　《景德傳燈錄・卷14・石頭希遷大師傳》；引見《大正藏》卷51，頁309，下。

竺土大仙心，東西密相付。人根有利鈍，道無南北祖。
……承言須會宗，勿自立規矩。觸目不會道，運足焉知
路？……謹白參玄人，光陰莫虛度。❸

觸目會道——眼睛所接觸到的一切事物都契合禪道，無疑地是引
文的最中心思想。這一思想並不是印度經論所本有，甚至也不是
惠能的《壇經》所本有；它來自於牛頭禪，也來自於道家。

　　牛頭禪對於惠能後之禪宗的影響，除了石頭宗之外，還有
道一禪師所開創出來的洪州宗。洪州宗的特色是主張：「觸類是
道，而任心」；顯然這和牛頭禪有著極為相似之處。前文曾說
過，宗密《禪源諸詮集都序》卷上-2，在介紹「禪三宗」的第三
宗——「直顯心性宗」時，曾把直顯心性宗又細分為兩個小宗。
其中第二個小宗即神會的荷澤宗，已如上述；而第一個小宗，宗
密這樣描寫：

　　即今能語言、動作、貪嗔慈忍、造善惡、受苦樂等，即汝
佛性。即此本來是佛，除此無別佛也。了此天真自然，故
不可起心修道。道即是心，不可將心還修於心；惡亦是
心，不可將心還斷於心。不斷、不修，任運自在，方名解
脫。❸

值得注意的是，引文說到這一小宗派的幾個重要的主張：

---

❸　《景德傳燈錄》卷 30；引見《大正藏》卷 51，頁 459，中。
❸　引見《大正藏》卷 48；頁 402，下。

（1）「性在作用」❸，亦卽，佛性或心性就在語言、動作，乃至能瞋、能貪、能慈、能忍，能造善、惡業，能受苦、樂報之我人的身心作用之上。

（2）理論上，我人的身心一切活動、作用，卽是佛性或心性的當體，因此，在實踐上，不可刻意起心修行、修道。身心的活動、作用已是佛性、心性，如果起心修行、修道，而將已是佛性、心性的活動、作用歪曲掉，卽失其佛性、心性的本來面目。所以，起心修行、修道，不但是多餘的，而且根本違背了佛性、心性的本質。

就第（1）點而言，「性在作用」一詞中的「性」字，雖然就是佛性或心性的省語，但卻和四卷本《楞伽經》等一般經論所說不同。四卷本《楞伽經》以爲，佛性或心性潛藏在我人的身心作用之內❸。然而，「性在作用」的說法，則以爲身心作用的全體，

---

❸　「性在作用」一詞，最早出於大約西元 801 年所撰的《寶林傳》。《景德傳燈錄・卷 3・第二十八祖菩提達摩傳》，也曾說到菩提達摩的弟子波羅提，爲某一國王，宣說了「性在作用」的道理：「王怒而問曰：『何者是佛？』答曰：『見性是佛。』王曰：『師見性否？』答曰：『我見佛性。』王曰：『性在何處？』答曰：『性在作用。』……」（引見《大正藏》卷 51，頁 218，中）另外，「性在作用」的禪法，被惠能的弟子南陽慧忠，視爲「南方宗旨」，並被批判爲「先尼外道」所說。（詳見第三章第二節）「性在作用」的說法，也和古印度婆羅門教的數論派（僧佉，Sāṅkhya）外道之「神我」思想有關。有關這些說法，請參見印順，《中國禪宗史》第六章；又見約翰・喬金森，〈南陽慧忠和壇經邪說〉。

❸　四卷本《楞伽經》卷 2，曾說：衆生「自性清淨」的「如來藏」，藏在衆生的身中，被「貪、欲、恚、癡、不實妄想、塵勞所汙」；就像「大價寶，垢衣所纏」一樣。（參見《大正藏》卷 16，頁 489，上-中）這樣看來，衆生的如來藏，亦卽《禪源諸詮集都序》所說的「佛性」、「心性」，其實隱藏在衆生身心中的煩惱之中，而不是衆生的身心作用本身。衆生身心作用可以視爲如來藏所衍生出來的作用，但不能看作如來藏本身。可見宗密所描述的「性在作用」，和四卷本《楞伽經》的說法不同。

卽是佛性或心性本身。在這種意義之下，佛性或心性，不再像四
卷本《楞伽經》所說的那樣，是一個超驗的（transcendental）、
不可知的心體，而是隸屬於現象中的、能知能覺的經驗當體。這
一說法，旣然有別於四卷本《楞伽經》，那麼，必然來自其他的
哲學體系。無疑地，那卽是牛頭禪；或更推遠一點，這一思想來
自於道家哲學。

　　其次，就第（2）點來說，實際的修行、修道是「不可起心
修道」、「不可將心還修於心」、「不可將心還斷於心」；像這
樣強調「不斷、不修，任運自在」的修行方法（詳前文），和牛
頭禪「無心合道」、「不作一個物」、「不行一個物」的修行方
法，乃至道家「無爲」的哲理，顯然有著密切的關聯。

　　宗密的《禪源諸詮集都序》，並沒有說到這一個小宗派的名
字；但是，他在《圓覺經大疏》卷上-2，卻說到五祖弘忍之後，
有一個主張「觸類是道，而任心」的宗派（詳本章第一節）。而
在注釋——《圓覺經大疏鈔》卷 3-下當中，則明文說到這一主張
的提出人，是「南岳觀音臺讓和上」（卽南嶽懷讓）的弟子——
道一❹；而其詳細的內容則是：

　　　　《（圓覺經大）疏》有「觸類是道，而任心」者，第四家
　　　　也。……大弘此法：起心動念，彈指、磬咳、揚扇，皆是
　　　　佛性全體之用，更無第二主宰。如麵作多般飲食，一一皆
　　　　麵。佛性亦爾，全體貪、瞋、癡，造善惡，受苦樂故，一
　　　　一皆性。……揚眉、動睛、笑欠、磬咳，或動搖等，皆是

　❹ 詳見《卍續藏》册 14，頁 279，a。

佛事。故云觸類是道也。言任心者，彼息業養神（原注：
或云息神養道）之行門也。謂不起心造惡、修善，亦不修
道。道卽是心，不可將心還修於心。惡亦是心，不可以心
斷心。不斷、不造，任運自在，名為解脫人，亦名過量
人。無法可拘，無佛可作。何以故？ 心性之外無一法可
得，故云任心卽為修也。❹

這一描述和《禪源諸詮集都序》中的描述，內容有許多相同之
處，甚至有許多句子，完全一樣。可見《禪源諸詮集都序》雖然
沒有說到那一個宗派，但卻可以依照上面這段引文推論，是指馬
祖道一所開創的洪州宗。

　　洪州宗在實踐上的特色是：「不起心造惡、修善」，乃至「不
斷、不造，任運自在」。這一禪法，用道一自己所採用的另外術
語來說，卽是「平常心（卽）是道」。《景德傳燈錄・卷28・江
西大寂道一禪師語》，曾這樣描寫道一的「平常心是道」：

　　江西大寂道一禪師示衆云：「道不用修，但莫污染。何為
污染？ 但有生死心、造作趣向，皆是污染。若欲直會其
道，平常心是道。謂平常心，無造作，無是非，無取捨，
無斷常，無凡無聖。……只如今行、住、坐、臥，應機接
物，盡是道。……」❷

---

❹ 引見《卍續藏》冊14，頁279，a－b。
❷ 引見《大正藏》卷51，頁440，上。

像這種「道不用修」，行、住、坐、臥，應機接物等「平常心」就是「道」（修行）的禪法，和牛頭禪的「無心合道」相近，也和道家的「無爲」雷同。洪州宗受到牛頭禪或道家的影響，是很明顯的。

　　總之，惠能後的一百年間，南禪分裂爲三個主要的派別：荷澤神會所開創的荷澤宗、石頭希遷所開創的石頭宗，以及馬祖道一所開創的洪州宗。其中，荷澤宗強調「知」、「見」。相反地，石頭宗和洪州宗則因爲受到道家化之牛頭禪的深重影響，而有「觸目會道」（石頭宗）、「觸類是道」（洪州宗）的泛神論主張，以及不注重特定修行方法，類似道家所謂「無爲」的禪法。相對於荷澤宗的強調「知」，二宗都有「反智（知）論」的傾向。事實上，這是整個中國文化的特色❸。荷澤宗在中唐之後，迅速地衰微；宋以後，南禪成了石頭宗和洪州宗的天下。而禪宗的道家化（牛頭宗化），成了歷史的命定結果。

第三節　五家七宗禪法

　　宋以後的禪宗，乃石頭、洪州二宗的天下；這點已在前節述及。他們在思想上，並沒有多少差異。然而，卻由於「宗風」或

---

❸　「反智論」一詞，是余英時先生的用語。他在〈反智論與中國政治傳統——論儒、道、法三家政治思想的分野與滙流〉、〈「君尊臣卑」下的君權與相權——「反智論與中國政治傳統」餘論〉等文章當中，以「反智論」一詞來說明中國文化當中有反對理性知識的傾向。請參見。（二文皆收錄於余英時，《歷史與思想》，臺北：聯經出版公司，1976。）

「家風」❹的不同，石頭、洪州二宗，又各自分裂而成許多小派別；這卽是「五家七宗」，它們是：(1) 具有「親切綿密」之風的曹洞宗；(2) 常以「出奇言句」截斷弟子妄念的雲門宗；(3) 善於「因材施教」的法眼宗；(4) 具有「嚴峻激烈」之風的臨濟宗；(5) 具有「溫文儒雅」之風的潙仰宗；(6) 廣博且嚴峻的黃龍派；(7) 提綱挈領且善用方便的楊岐派。其中，(1)~(3) 是由石頭宗進一步所開展出來的；(4) 與 (5) 則是洪州宗的門下。這五個派別稱爲「五家」。而 (6) 和 (7) 都由臨濟宗所分裂而出，合前五家，稱爲「七宗」。下面的圖表，卽是五家七宗和石頭、洪州二宗之間的關係圖❹：

---

❹ 宗風，又稱家風、禪風。風，風尚、習俗的意思。宋以後所開展出來的五家七宗，各各都有自己不同的風尚、習俗，因此，在宗風（家風、禪風）上各有差異。這些不同的風尚、習俗，主要並不是因爲不同的思想而引起；而是因爲開宗立派者個人的風格不同，而有差異。有些開宗祖師喜歡捧打教育，例如洪州宗之下的臨濟宗，因而發展出嚴峻的宗風；相反地，有些開宗祖師習於循循善誘，例如曹洞宗，所以開發出溫和綿密的宗風。這些特色，我們將在本節介紹。

❹ 值得注意的是，下面的圖表是依據《景德傳燈錄》、《傳法正宗記》、《五燈會元》等書，而繪製的。若依《祖庭事苑》、《指月錄》、《佛祖通載》、《一源五派辨》、《五派一滴圖》、《佛祖宗派圖》等文獻，則有完全不同的繪製法。而其關鍵，是在天皇道悟禪師和藥山惟儼禪師的師承，出了問題。（詳見望月信亨，《佛教大辭典》卷 2，頁 1166，中-1168，下。）也就是說，有些文獻告訴我們，天皇道悟和藥山惟儼都是馬祖道一的弟子，而不是圖表所顯示的，是石頭希遷的弟子。這樣一來，道悟下的雲門、法眼二宗，以及惟儼下的曹洞宗，全都不是圖表所顯示的，乃石頭宗的後代；相反的，它們都屬於洪州宗的系統。無疑地，這些不同的說法，源自石頭宗和洪州宗門下的「正統」之爭。而其是非曲直，請參見印順，《中國禪宗史》，頁 417-420。

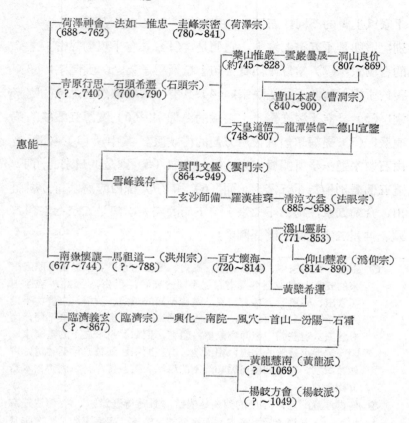

前文說過，五家七宗的成立，並不是思想上有什麼重大的差異；而是各家「宗風」的不同。日本‧東嶺圓慈，在他的《五家參詳要路門‧序》，即曾這樣說：

夫五家之宗者，欲傳我宗乘向上大事而已。然只如解世間流布文字，妄解以為要故，宗祖各各教訓其宗要路，而分門戶，自為五家之一宗風。可知根本只向上大事也，五家

卽差別要門也。㊻

引文說到，所謂的「五家」，並不是在「向上大事」（最高的禪理）之上有什麼不同或爭議；而是因爲「宗祖各各教訓其宗要路」時，所採取的方法不同，以致有不同的宗派。這一不同的教學方法，卽是各家的「宗風」。

另外，宋・契嵩在其《傳法正宗記》卷7，也說：

> 正宗至大鑒（卽惠能）傳旣廣，而學者遂各務其師之說，天下於是異焉，競自爲家。故有潙仰云者，有曹洞云者，有臨濟云者，有雲門云者，有法眼云者；若此不可悉數。而雲門、臨濟、法眼三家之徒，於今尤盛；潙仰已熄；而曹洞者僅存，綿綿然猶大旱之引孤泉。然其盛衰者，豈法有強弱也？蓋後世相承，得人與不得人耳。㊼

引文中契嵩說到：五家七宗的形成，及其興衰，並不因爲是「（禪）法」（禪理）上有什麼強弱之分；而是由於「後世相承，得人與不得人」的差異，而有興衰之分。

綜上所述，五家七宗的成立，及其後來的發展，和禪宗的思想並沒有多大關聯。相反地，卻決定於開創它們、弘揚它們的祖師，在個人性格、習慣上的差異，有著密切的關係。這卽是各宗

㊻ 引見《大正藏》卷81，頁605，下。

㊼ 引見前書，卷51，頁763，下。

各派的不同「宗風」❹。下面讓我們簡略地介紹五家七宗的不同
宗風：

　　首先是具有「親切綿密」之宗風的曹洞宗：從上面的圖表我
們知道，曹洞宗是由洞山良价和曹山本寂師徒，所開創出來的南
禪宗派，屬於石頭宗的一支。它的「宗風」是親切綿密，宋・
智昭《人天眼目・卷3・曹洞門庭》，曾對曹洞宗做了這樣的描
寫：

　　　　曹洞宗者，家風細密，言行相應，隨機利物，就語接人。
　　　　……大約曹洞家風，不過體用、偏正、賓主，以明向上一
　　　　路。要見曹洞麼？祖佛未生空刼外，正偏不落有無機。❹

引文中，首先說到曹洞宗的「家風細密」，常以方便的手段──
「隨機」，來利益眾生；常就來訪弟子的言談，方便接引。因
此，師父與徒弟間，保持著極為親密和諧的關係。其實，這也是
最後兩句詩之頭一句──「祖佛未生空刼外」的意思。祖佛是不

_____

❹　事實上，思想上的爭議，在禪門中還是存在。例如，受到牛頭禪
　　「無情皆是佛子」這一思想的影響，而開展出來的「無情有（佛）
　　性」的說法，受到石頭宗人的信受；但是，卻遭到神會、懷海、慧
　　海等禪師的批判。又如，洪州宗主張「性在作用」，卻受到南陽慧
　　忠的責難。另外，石頭宗也反對這種說法；石頭希遷以為，眞正的
　　心性存在於「揚眉瞬目」等「作用」之外。這些爭議都不只是「宗
　　風」不同之爭，而是思想之爭。（詳見印順，《中國禪宗史》，頁
　　403，409。）

❹　引見《大正藏》卷48，頁320，下。

會出生在空刼之外的，因爲空刼沒有可度化的衆生存在❺。這表示曹洞宗強調以方便的手段，來親近衆生、度化衆生。由此可見其「親切」的一斑。

其次，引文說到，曹洞宗常以「體用」、「偏正」、「賓主」等道理，來明示「向上一路」，亦卽以此明示最高的禪理或證入這一禪理的方法。其中，「體」卽是「正」，卽是「主」；「用」卽是「偏」，卽是「賓」。體，指的是絕對的「正」理。主，是根本或最重要的意思；指的是「體」或「正」。一切事物的本質——「體」，旣然是「正」理，那麼，這一正理必然是一切事物的根本，也是最重要的部分。這不但是就道理上來說，而且就修行的過程來說，也是如此。「正」理之「體」，也是修道過程當中所必須把握的方針；因此，又稱爲「主（人）」。相反地，與「體」相對的是「用」。「用」是由「體」，亦卽「正」理所顯現或流變出來的外相和功能作用；因此，相對於絕對眞理之「正」來說，它是「偏」。另外，就修行上而言，這些由正理所顯現或流變出來的功能作用，並不是居於根本地位的「主」，而是居於次位的「賓（客）」。

引文並沒有說到做爲一切事物之「體」（本質），或做爲修行指南之「主」（根本）的「正」理，到底是什麼？但是，就整個禪宗的哲理來看，無疑地，那卽是四卷本《楞伽經》裏的「佛

---

❺ 依照佛教宇宙觀，宇宙從形成到毀滅，共有四個階段，稱爲四刼；它們是：成刼、住刼、壞刼、空刼。刼，是印度的時間單位。成刼是指宇宙剛剛形成的那一段時間；住刼是指宇宙形成之後，還沒有開始變壞的那段時間；壞刼是指宇宙開始毀壞的那段時間；而空刼則指宇宙已經毀滅的那段時間。

性」思想，以及《（金剛）般若經》裏的「般若空」思想（的綜合）。因此，曹洞宗的體用、正偏、主賓等道理，其實是這樣的：一切事物的本質（體）乃是以佛性、空這一正理爲根本（主）；由這一正理，生起了差別（偏）現象之功能作用（用）的次要（賓）事物。這樣的「正」與「偏」，乃至「體」與「用」、「主」與「賓」的道理，可以用來普度衆生、敎化弟子，好讓他們不會落入「有」與「無」的兩邊（兩極端）裏。因此，引文的最後一句詩說：「（宣說）正、偏（等道理，好讓弟子們）不落有、無機」。

　　從以上的說明可以知道，曹洞宗常以體用、正偏、主賓等道理，循循善誘、不厭其詳地敎導弟子們。這也是爲什麼歷代禪門典籍當中，會以「親切綿密」來描寫曹洞宗的原因。

　　其次，讓我們來看看雲門宗。它的特色是：常以「出奇言句」來截斷弟子的妄念，讓弟子達到開悟解脫的目的。絕對的眞理，超越了世間的一切事物，因此也往往無法用描寫世間事物的語言，來加以逑說。《般若經》裏常以「不可說」、「不可思議」等詞，來表示絕對眞理的難以敍述。雲門宗的出奇言句，正是基於這一考量，而發展出來的「宗風」。它意味著師徒之間問答的簡短，意味著問答的出人意表，意味著「答非所問」，甚至意味著問答內容的艱深難懂。有關這點，可以從智昭的《人天眼目・卷4・雲門門庭》，對於雲門宗的描寫看出來：

　　　雲門宗者，絕斷衆流，不容擬議。凡聖無路，情解不通。
　　　……大約雲門宗風，孤危聳峻，人難湊泊。非上上根，孰
　　　能窺其彷彿哉！……要見雲門麼？柱杖子踔跳上天，盞子

裏諸佛說法。❺

引文的前面幾句是容易理解的，最後兩句無非重述雲門宗的艱深難懂罷了。短短的一根拄杖子，是不可能踔跳上天的；小小的盞子裏，也不可能容下諸佛在裏面講經說法。這兩句不過形容雲門宗的「孤危聳峻，人難湊泊」而已。其中，拄杖子是雲門文偃禪師所常用的教學工具。例如，有一次，他拿著拄杖向弟子們說：「乾坤大地，微塵諸佛，總在裏許。爭佛法，各覓勝負。還有人諫得麼？若無人諫得，老漢與爾諫！」有個弟子出來說：「便請和尚諫！」結果，雲門文偃斥責說：「遮（這）野孤精！」又有一次，雲門文偃向弟子們說：「我尋常向汝道，微塵剎土，三世諸佛，西天二十八祖，唐土六祖，盡在拄杖頭上說法……。」後來又突然拿起拄杖，在地上畫了一下，說：「總在遮裏！」然後又在地上畫了一下，說：「總從遮裏出去也，珍重！」❺

雲門宗的出奇言句，可以從下面幾則有關雲門文偃和弟子之間的談話，得到初步的了解❺：

(1)（僧）問：「如何是佛法大意？」（文偃）師曰：「春來草自青。」

(2) 問：「如何是學人自己？」師曰：「遊山翫水。」

(3) 問：「如何是學人自己？」師曰：「汝怕我不知。」

(4) 問：「如何是和尚家風？」師曰：「門前有讀書人。」

---

❺ 引見《大正藏》卷 48，頁 313，上-中。

❺ 以上皆見《景德傳燈錄‧卷19‧韶州雲門山文偃禪師傳》；《大正藏》卷 51，頁 358，上-中。

❺ 以下五則問答，皆見前註所引書，頁 358，中-下。

(5) 問：「古人橫說豎說，猶未知向上關棙子。如何是向上
　　關棙子？」師曰：「西山東嶺青」。❺❹

其次要介紹的是，善於「因材施教」的法眼宗。智昭，《人
天眼目・卷4・法眼門庭》，曾說：

> 法眼宗者，箭鋒相拄，句意合機。始則行行如也，終則激
> 發，漸服人心。削除情解，調機順物，斥滯磨昏。種種機
> 緣，不盡詳舉。觀其大概，法眼家風，對病施藥，相身裁
> 縫，隨其器量，掃除情解。要見法眼麼？人情盡處難留
> 跡，家破從教四壁空。❺❺

引文中說到了法眼宗的重要特色：「對病施藥，相身裁縫」。法
眼宗往往把握住最佳的時機，用最適當的幾句話，來激發弟子，
令其開悟解脫。這就像兩箭的箭鋒，恰好相拄在一起一樣的巧
妙。因此，把握時機也是法眼宗的重要特色；用法眼宗自己的話
來說，即是要把握「時節因緣」。《景德傳燈錄・卷24・昇州清
涼文益禪師傳》，曾記錄法眼宗的開創者——清涼文益，對其弟
子所說的幾句話：「出家人，但隨時及節，便得寒即寒，熱即
熱。欲知佛性義，當觀時節因緣，古今方便不少。……」又說：
「光陰莫虛度。適來向上座道，但隨時及節便得。若也移時失
候，即是虛度光陰。……」❺❻由此可見「當觀時節因緣」，乃是

---

❺❹ 關棙子，字面的意思是指日常器具的機紐，例如樂器的調弦器等。
　　而在這裏，則象徵絕對的真理，或達到絕對真理的關鍵性方法。

❺❺ 引見《大正藏》卷48，頁325，上。

❺❻ 引見前書，頁399，中。

法眼宗的重要特色之一。

　　日本・東嶺圓慈，《五家參詳要路門》卷5，曾舉了一個生動的例子，說明「時節因緣」對法眼宗的重要性：

> 則監院在（文益）師會中，也不曾參請入室。一日，師問
> 云：「則監院！何不來入室？」則云：「和尚豈不知，某
> 甲於青林處，有箇入頭？」師云：「汝試為我舉看！」則
> 云：「某甲問：『如何是佛？』林云：『丙丁童子來求
> 火！』」師云：「好語恐儞錯會，可更說看！」則云：「丙
> 丁屬火，以火求火，如某甲是佛，更去覓佛。」師云：
> 「監院果然錯會了！」則不憤，便起單，渡江去。師云：
> 「此人若回，可救；若不回，救不得也。」則到中路，自
> 忖云：「他是五百人善知識，豈可賺我耶？」遂回再參。
> 師云：「儞但問我，我為儞答。」則便問：「如何是佛？」
> 師云：「丙丁童子來求火！」則於言下大悟。❺❼

在這則清涼文益和弟子則監院的對談當中，我們看到了「時節因緣」的重要性。則監院原本是跟隨青林禪師學禪的，而且自認為已經開悟解脫——「有箇入頭」。文益當然知道則監院並沒有真正開悟解脫，於是要求則監院把他和青林的對談一五一十地說出來。從則監院的敘述中，我們知道則監院對於「如何是佛？」的答案——「丙丁童子來求火」，是以知性的分析觀點來說明；這和南禪強調「言下大悟」、「一句下便見」，不在「句下尋思」（詳下文），乃至「不立文字，教外別傳」的「反智」傾向，

---

❺❼ 引見前書，卷81，頁614，中。

顯然背道而馳。因此，文益告訴則監院說：青林對於「如何是佛？」的回答固然是「好語」，但是卻被你「錯會」了。自以爲「有箇入頭」的則監院，聽了文益的這一番話，自然不高興，於是「起單」❺❽出走。半路上又折了回來，向文益再參同一個問題：「如何是佛？」文益的回答和青林的回答沒有兩樣，仍然是：「丙丁童子來求火！」然而，則監院雖然沒有因爲青林的「丙丁童子來求火」而開悟解脫，但卻因爲文益的同一回答而「言下大悟」。因此，讓則監院開悟解脫的關鍵，不在「丙丁童子來求火」這一答案，而在「時節因緣」；也就是說，文益把握了讓則監院開悟解脫的最好時機。同樣的一句話，此時此地說出和彼時彼地說出，往往會有不同的效果；這是世間常有的現象，禪門也是如此。所以，東嶺圓慈，對於法眼宗重視「時節因緣」，重視「一句下便見」，而不在「句下尋思」的這一特色，總結地說：

> 這般公案（指則監院一事），久參者一舉便知落處，法眼
> 下謂之箭鋒相拄。……是他家風如此，一句下便見，當陽
> 便透。若向句下尋思，卒摸索不著。❺❾

接著，讓我們來看看「激烈嚴峻」的臨濟宗。智昭，《人天眼目・卷2・臨濟門庭》，曾對臨濟宗做了這樣的描寫：

---

❺❽ 單，名單。禪僧住禪寺時，必須將自己的名字寫在紙上，向禪寺登記，稱爲「掛單」。離開禪寺時，則必須取下寫有名字的紙條，表示取消登記，稱爲「起單」。

❺❾ 《五家參詳要路門》卷5；引見《大正藏》卷81，頁614，中。

臨濟宗者，大機大用，脫羅籠，出窠臼。虎驟龍奔，星馳
電激。轉天關，幹地軸。負衝（沖？）天意氣，用格外提
持。卷舒、擒縱、殺活自在。……要識臨濟麼？青天轟霹
靂，陸地起波濤！❻⓪

引文的前面一大段，是容易理解的。而最後兩句，無非再一次地
讚美臨濟宗不可思議、出人意表，所謂「脫羅籠，出窠臼」的禪
風罷了。

　　臨濟宗的嚴峻，可以從下面的一則記載看出來：

　　（臨濟義玄）一日上堂曰：「汝等諸人，赤肉團上有一無
　　位真人，常向諸人面門出入。汝若不識，但問老僧。」時
　　有僧問：「如何是無位真人？」（義玄）師便打云：「無
　　位真人是什麼乾屎橛！」❻①

引文中的「無位眞人」（超越凡位的眞人），無疑地，是指我人
身心當中的佛性或體悟了佛性（見性）之解脫者。靈知不昧的佛
性，常從我人的眼、耳、鼻、舌、身、意等「面門」進進出出。
然而，佛性是無形無相的超越心體，無法以日常的語言文字來加
以描寫。　因此，　當義玄的弟子要求他描述什麼是「無位眞人」
時，卽遭來義玄的一番打罵。引文最後的「乾屎橛」，是指一小
段乾屎或一塊拭擦乾屎的短木片（橛，有短木片的意思）；它代

　❻⓪　引見《大正藏》卷48，頁311，中。
　❻①　《景德傳燈錄・卷12・鎮州臨濟義玄禪師傳》；引見《大正藏》卷
　　　51，頁 290，下。

表一種輕視的語氣。

　　臨濟宗的打罵教育，被稱爲「棒喝」；「臨濟四喝」即是有名的例子。《臨濟語錄》曾這樣記載著：

　　　　（臨濟義玄）師問僧：「有時一喝如金剛王寶劍，有時一喝如踞地金毛師（獅）子，有時一喝如探竿影草，有時一喝不作一喝用。汝作麼生會？」僧擬議，師便喝。❷

從引文看來，所謂「臨濟四喝」，指的是金剛王寶劍、踞地金毛獅子、探竿影草，以及不作一喝用。《人天眼目・卷2・臨濟門庭》，曾對這四喝作了這樣的說明：

　　　　金剛王寶劍者，一刀揮盡一切情解。踞地師（獅）子者，發言吐氣，威勢振立，百獸恐悚，眾魔腦裂。探竿者，探爾有師承無師承？有鼻孔無鼻孔？影草者，欺瞞做賊，看爾見也不見？一喝不作一喝用者，一喝中具如是三玄、三要、四賓主、四料揀之數（類）。❸

這樣看來，所謂「一喝如金剛王寶劍」，指的是在大聲的喝斥當中，讓弟子斬斷情解的意思。所謂「一喝如踞地金毛獅子」，指的是在大聲喝斥當中，降伏弟子內心的妄念。所謂「一喝如探竿影草」，指的是試探性質的斥喝；在試探當中，以了解弟子體悟

---

❷　《鎮州臨濟慧照禪師語錄》；引見《大正藏》卷47，頁504，上。
❸　引見《大正藏》卷48，頁311，中。

禪理的程度。而所謂的「一喝不作一喝用」，則指在斥喝當中，隱藏著三玄、三要、四賓主、四料揀等最高的禪理❻。

　　緊接著要介紹具有「溫文儒雅」之宗風的溈仰宗。智昭，《人天眼目・卷4・溈仰門庭》，曾舉了一個生動的例子，來說明溈仰宗的溫文儒雅之風：

　　　　溈仰宗者，父慈子孝，上令下從。爾欲捧飯，我便與羹；爾欲渡江，我便撐船。隔山見煙，便知是火；隔牆見角，便知是牛。溈山一日普請摘茶次，謂仰山曰：「終日只聞子聲，不見子形！」仰山撼茶樹，溈山云：「子只得其用，不得其體！」仰曰：「和尚如何？」（溈山）師良久。仰曰：「和尚只得其體，不得其用！」溈山云：「放子三十棒！」……大約溈仰宗風，舉緣即用，忘機得體，不過此也。要見溈仰麼？月落潭無影，雲生山有衣。❻

在這段引文當中，一開頭的幾句是在描寫溈仰宗的「溫文儒雅」，

---

❻　對於三玄、三要，乃至四料揀等，《人天眼目・卷2・臨濟門庭》曾有這樣的解釋：「四料揀者，中根人來，奪境不奪法；中上根人來，奪境奪法不奪人；上上根人來，人境兩俱奪；出格人來，人境俱不奪。四賓主者，師家有鼻孔，名主中主；學人有鼻孔，名賓中主；師家無鼻孔，名主中賓；學人無鼻孔，名賓中賓。……三玄者，玄中玄、體中玄、句中玄。三要者，一玄中具三要。自是一喝中，體攝三玄三要也。」（引見《大正藏》卷48，頁311，中）引文中的「出格人」，是指解脫者。「鼻孔」則象徵體悟絕對眞理的意思。

❻　引見《大正藏》卷48，頁323，中-下。

師父和弟子之間，保持著和諧而又心神交會的最佳關係。而在實際的例子當中，師父和弟子共同探討事物之本質——「體」與功能作用——「用」之間的關係，也是在溫文儒雅的方式當中進行。溈山以「聲」和「形」，分別代表仰山的「用」和「體」。他責備弟子仰山只了解事物的「用」（只聞子聲），而沒有體悟事物的「體」（不見子形）。仰山卻以搖撼茶樹的動作，來做為抗辯。茶樹，代表著「體」；仰山則以搖撼茶樹，來表示自己並不是只了解「用」，而是已經把握了「體」。然而，正當做為「體」的茶樹，被搖撼的時候，卻也同時引生了搖動的「用」。此時，如果未能從搖動的「用」當中，體悟不動的茶樹之「體」，那麼，等於只把握了「用」而沒有把握「體」；這也是某一種意義的缺失。所以，溈山又繼續批評說：現在，你只了解「用」，而沒有了解「體」。受到兩次責備的仰山，反過來請教師父，正確的答案到底是什麼？師父溈山「良久」，亦卽一段時間默默不說話，也沒有任何的動作。這意味著絕對之「體」，超越了世間的任何語言（包括「身體的語言」——動作）。溈山試圖在「良久」之中，突顯事物之「體」的這一特質，好讓弟子仰山了解。然而，仰山卻批評溈山說：您只了解事物的「體」，而不了解其「用」。的確，默默無語的狀態當中，沒有任何的動作，很容易把「體」誤解為沒有任何作用。

　　事物的本質——「體」及其功能作用——「用」，是無法分割的。沒有離開「用」的「體」，也沒有離開「體」的「用」。「體」與「用」是一物不可分割的兩面。相信這卽是溈山和仰山的對談當中，所要詮釋的哲理。這一哲理，其實也是所有其他宗派的禪門子弟所要教導、所要體悟的。然而，教導和體悟的方式

卻有不同；為仰宗所採取的，則是「撼茶樹」、「良久」，乃至
對話等溫文儒雅的方式。卽使在最後，為山說要打仰山三十棒，
但到底僅止於說說，並沒有眞的棒打三十棒。

　　最後，讓我們來看看具有廣博且嚴峻之風的黃龍派，以及提
綱挈領且善用方便的楊岐派；它們都是由臨濟宗所分裂出來的。
黃龍派的開創者是慧南禪師，《指月錄・卷 25・隆興府黃龍慧
南禪師傳》，曾說：「師風度凝遠，叢林中有終身未嘗見其破顏
者。」⑥⑥同書又引洪覺範的話說：「覺範曰：門風壁立，佛祖喪
氣；故能起臨濟已墜之道。而今人誣其家風，但是平實商量，可
笑也！」⑥⑦由此可見黃龍派嚴峻宗風之一斑。

　　和黃龍派比較起來，楊岐方會的禪風就顯得溫和多了。這可
以從下面的一段對話看出來：

　　　問：「師唱誰家曲，宗風嗣阿誰？」（楊岐方會）師云：
　　　「有馬騎馬，無馬步行。」進云：「少年長老，足有機
　　　籌。」師云：「念爾年老，放爾三十棒！」⑥⑧

在這裏，方會說要棒打來問的弟子，而實際上卻只是「放爾三十
棒」，沒有眞正地棒打下去，可見其溫和的禪風⑥⑨。

─────────────

⑥⑥ 引見《卍續藏》冊 143，頁 282，d。
⑥⑦ 引見前書，頁 281，c。
⑥⑧ 《楊岐方會和尚語錄》；引見《大正藏》卷 47，頁 640，上。
⑥⑨ 引文中，「有馬騎馬，無馬步行」一句，是描寫楊岐派以方便的手
　　段，隨機應變地度化弟子。事實上這卽是臨濟宗的「卷舒、擒縱、
　　殺活自在」之禪風的延續。而「足有機籌」一句，不過是讚美楊岐
　　方會的這一禪風罷了。

從黃龍慧南的語錄，可以看出黃龍派的龐雜。他廣泛地採用了前人的「公案」，來教導弟子。在他的語錄當中，出現了藥山、雲門、黃檗、南院、永嘉、龐蘊、大珠、趙州、德山、五祖戒等人的公案❼⓿。相反地，楊岐方會的語錄卻顯現提綱挈領的特色。黃龍派後來沒落了，剩下楊岐派獨盛一時；二者在龐雜與簡約禪風上的差異，相信是其中重要的因素之一。《指月錄》卽曾引用洪覺範的評語，來說明這點：

> 洪覺範曰：「臨濟七傳而得石霜圓，圓之子一爲積翠南，一爲楊岐會。南之施設，如坐四達之衢，聚珍怪百物而鬻之。遺簪墮珥，隨所探焉。駸駸末流，冐其氏者，未可一二數也。會乃如玉人之治璠璵，砥礪廢矣！故其子孫皆光明照人，克世其家；蓋碧落碑無贗本也。」❼❶

引文一開頭說到臨濟底下的石霜楚圓禪師，有兩個弟子，一是積翠南，卽黃龍慧南❼❷，另一則是楊岐（方）會。其次說到黃龍慧南的禪法，就像「坐（落在）四（通八）達之衢（街市）」，收集了「遺簪墮珥」等「珍怪百物」，然後「鬻（賣）之」。以致一些不識貨的「駸駸末流」，無法從中探取眞正的珍寶。這證明

---

❼⓿ 詳見《黃龍慧南禪師語錄》；《大正藏》卷47，頁629，下-640，上。

❼❶ 引見《卍續藏》冊143，頁284，b。

❼❷ 《續傳燈錄・卷7・黃龍南禪師傳》，曾說：黃龍惠（慧）南「結菴於溪上，名曰積翠」。（詳見《大正藏》卷51，頁506，中）相信這是黃龍慧南又被稱爲「積翠（慧）南」的原因。

慧南的禪法，乃集歷代禪師們的大成，有其龐雜繁複的特色。相反地，方會的禪法就像雕琢美玉（璠璵）的工匠一樣，能把似玉的石頭（碔砆）剔除掉。也就是說，方會的禪法，能在前人所留下來的思想當中，去蕪存菁，提綱挈領。因此，相對於慧南弟子的「未可一二數」，方會的弟子都是「光明照人，克世其家」。引文最後一句所說的「碧落碑」，是指唐高祖的太子爲其母親房太妃所立的碑銘；這是皇室所立的碑銘，自然沒有「膺本」（仿冒品）。在這裏，則是用來形容楊岐方會禪法的成功。

年　　　表

西元 638 年（唐太宗貞觀12年）　　　惠能出生。

西元 639 年（貞觀13年）　　　惠能二歲。

西元 640 年（貞觀14年）　　　惠能三歲。華嚴宗祖師杜順寂。

西元 641 年（貞觀15年）　　　惠能四歲。

西元 642 年（貞觀16年）　　　惠能五歲。

西元 643 年（貞觀17年）　　　惠能六歲。牛頭宗初祖法融，建造
　　　　　　　　　禪室於金陵牛頭山，大弘牛頭禪。華嚴宗三祖法藏
　　　　　　　　　生。

西元 644 年（貞觀18年）　　　惠能七歲。

西元 645 年（貞觀19年）　　　惠能八歲。牛頭宗五祖智威生。玄
　　　　　　　　　奘由印度，携經論六百五十七部抵長安。道宣撰
　　　　　　　　　《續高僧傳》三十卷。淨土宗二祖道綽寂。

西元 646 年（貞觀20年）　　　惠能九歲。玄奘譯《顯揚聖敎論》
　　　　　　　　　二十卷、《大乘阿毗達磨雜集論》十六卷，並撰《大
　　　　　　　　　唐西域記》十二卷。

西元 647 年（貞觀21年）　　　惠能十歲。玄奘譯《解深密經》五
　　　　　　　　　卷；並譯《老子道德經》，送往東印度。

西元 648 年（貞觀22年）　　　惠能十一歲。玄奘譯《瑜伽師地論》
　　　　　　　　　百卷、《勝宗十句義論》一卷、《唯識三十論》一

卷。太宗度僧一萬八千五百餘人，並撰〈大唐三藏
聖教序〉。皇太子（高宗）爲母建大慈恩寺，度僧
三百，玄奘、窺基等五十高僧進住。

西元 649 年（貞觀23年）　　惠能十二歲。玄奘譯《攝大乘論本》
三卷、《攝大乘論世親釋》十卷、《攝大乘論無性
釋》十卷。

西元 650 年（唐高宗永徽元年）　　惠能十三歲。道宣撰《釋迦
方志》二卷。

西元 651 年（永徽 2 年）　　惠能十四歲。道信寂。神秀弟子普
寂生。玄奘譯《俱舍論頌》一卷。

西元 652 年（永徽 3 年）　　惠能十五歲。弘忍開始在黃梅弘法。
牛頭宗初祖法融講《大品般若經》於南京建初寺。
玄奘譯《大乘阿毗達磨集論》七卷、《阿毗達磨顯
宗論》四十卷。無極高譯《陀羅尼集經》十二卷。

西元 653 年（永徽 4 年）　　惠能十六歲。

西元 654 年（永徽 5 年）　　惠能十七歲。牛頭宗二祖智巖寂。
玄奘譯《順正理論》八十卷、《俱舍論》三十卷。

西元 655 年（永徽 6 年）　　惠能十八歲。中天竺沙門那提三藏
携經論一千五百餘部抵長安。

西元 656 年（唐高宗顯慶元年）　　惠能十九歲。神秀來禮弘忍。
弘忍弟子法如隨三論宗師青布明出家。牛頭宗三祖
惠方受具足戒。

西元 657 年（顯慶 2 年）　　惠能二十歲。牛頭宗初祖法融寂。
詔僧、道等不得受父母及尊者禮拜。

西元 658 年（顯慶 3 年）　　惠能二十一歲。神秀弟子義福生。

西元 659 年（顯慶 4 年）　　惠能二十二歲，發心出家。玄奘譯
　　　　《大毗婆沙論》二百卷、《法蘊足論》十二卷、《成
　　　　唯識論》十卷。道世撰《諸經要集》二十卷。吏部
　　　　尙書唐臨卒。（唐臨撰有《冥報記》二卷，闡發因
　　　　果報應之說。）

西元 660 年（顯慶 5 年）　　惠能二十三歲。法如來禮弘忍。神
　　　　秀弟子景賢生。玄奘始譯《大般若經》。詔沙門靜
　　　　泰、道士李榮辯《老子化胡經》之眞僞。

西元 661 年（唐高宗龍朔元年）　　惠能二十四歲，始往黃梅禮
　　　　弘忍。玄奘譯《辯中邊論頌》一卷、《辯中邊論》
　　　　三卷、《唯識二十論》一卷。華嚴宗三祖法藏來禮
　　　　二祖智儼。新羅僧義湘來禮智儼。

西元 662 年（龍朔 2 年）　　惠能二十五歲，得弘忍衣鉢，爲禪
　　　　宗第六代祖師；並開始隱居於獵人隊中。敕令僧、
　　　　道致敬父母，道宣、威秀等二百餘人上表抗拒，高
　　　　宗下詔停令致敬。淨土宗三祖善導寂。

西元 663 年（龍朔 3 年）　　惠能二十六歲，繼續隱居於獵人隊
　　　　中。玄奘譯畢《大般若經》六百卷。

西元 664 年（唐高宗麟德元年）　　惠能二十七歲，繼續隱居於
　　　　獵人隊中。牛頭宗四祖法持參禮弘忍（一說西元 647
　　　　年），後又至牛頭山拜牛頭宗三祖惠方爲師。玄奘
　　　　寂。道宣撰《大唐內典錄》十卷、《集古今佛道論
　　　　衡》四卷、《三寶感通錄》三卷。玄則撰《禪林妙
　　　　記後集》二十卷。

西元 665 年（麟德 2 年）　　惠能二十八歲，繼續隱居於獵人隊

中。智詵弟子處寂生。牛頭宗五祖智威出家。道
宣撰《釋迦氏譜》一卷。會隱・玄則等撰《禪林要
鈔》三十卷。

西元 666 年（唐高宗乾封元年）　　惠能二十九歲，繼續隱居於
獵人隊中。王策等撰《西域志》六十卷。

西元 667 年（乾封 2 年）　　惠能三十歲，結束隱居，至廣州法
性寺隨印宗出家，並於嶺南弘法。道宣寂。

西元 668 年（唐高宗總章元年）　　惠能三十一歲。牛頭宗五祖
智威弟子鶴林玄素生。道世撰《法苑珠林》百卷。
華嚴宗二祖智儼寂。敕令焚毀《老子化胡經》。

西元 669 年（總章 2 年）　　惠能三十二歲。

西元 670 年（唐高宗咸亨元年）　　惠能三十三歲。弘忍弟子玄
賾禮弘忍。印宗弘法於京都。

西元 671 年（咸亨 2 年）　　惠能三十四歲。義淨由廣州往印度
求法。義湘返新羅，爲新羅華嚴宗初祖。

西元 672 年（咸亨 3 年）　　惠能三十五歲。天台宗師左溪玄朗
生。

西元 673 年（咸亨 4 年）　　惠能三十六歲。

西元 674 年（唐高宗上元元年）　　惠能三十七歲。印宗親近弘
忍。

西元 675 年（上元 2 年）　　惠能三十八歲。弘忍寂。

西元 676 年（唐高宗儀鳳元年）　　惠能三十九歲。神秀住當陽
玉泉寺。印宗於廣州講經。惠能弟子南陽慧忠生。
中天竺沙門地婆訶羅（日照三藏）來長安。

西元 677 年（儀鳳 2 年）　　惠能四十歲，自南海歸曹溪寶林寺，

　　　　詔州剌史韋璩禮請於廣州大梵寺說法，門人集爲
　　　　《壇經》。惠能弟子懷讓生。

西元 678 年（儀鳳 3 年）　　　惠能四十一歲。

西元 679 年（唐高宗調露元年）　　　惠能四十二歲。華嚴宗三祖
　　　　　　奉旨與地婆訶羅（日照三藏）等共譯《密嚴經》、
　　　　　　《顯識論》等十餘部經論。

西元 680 年（唐高宗永隆元年）　　　惠能四十三歲。地婆訶羅譯
　　　　　　《大方廣師子吼經》一卷。天台宗六祖智威寂。

西元 681 年（唐高宗開耀元年）　　　惠能四十四歲。淨土宗祖師
　　　　　　善導寂。

西元 682 年（唐高宗永淳元年）　　　惠能四十五歲。牛頭宗六祖
　　　　　　慧忠生。地婆訶羅譯《佛頂最勝陀羅尼經》一卷。
　　　　　　唯識宗二祖窺基寂。懷素撰《四分律開宗記》十卷。
　　　　　　懷素寂。

西元 683 年（唐高宗宏道元年）　　　惠能四十六歲。高宗遣使印
　　　　　　度，迎請菩提流支。

西元 684 年（唐中宗嗣聖元年；唐睿宗文明元年；則天武后光宅
　　　　　　元年）　　　惠能四十七歲。處寂弟子無相（金和尙）
　　　　　　生。則天武后御紫辰殿聽政。

西元 685 年（則天武后垂拱元年）　　　惠能四十八歲。武后撰
　　　　　　〈大唐新譯三藏聖教序〉。

西元 686 年（垂拱 2 年）　　　惠能四十九歲。弘忍弟子法如開始
　　　　　　弘法於嵩山少林寺。新羅元曉寂。

西元 687 年（垂拱 3 年）　　　惠能五十歲。地婆訶羅寂。

西元 688 年（垂拱 4 年）　　　惠能五十一歲。惠能弟子神會生。

彥悰撰《大慈恩寺三藏法師傳》十卷。江南道巡撫
使狄仁傑奏毀江南淫祠一千七百餘所。

西元 689 年（則天武后永昌元年）　惠能五十二歲。弘忍弟子
法如寂 。 則天武后自名曌， 詔令法朗等九人僞撰
《大雲經》，頒行天下；並於諸州建造大雲寺。義
淨返廣州。提雲般若譯《華嚴經不思議佛境界品》。

西元 690 年（周則天武后天授元年）　惠能五十三歲。神秀在
玉泉度門蘭若弘法。沙門懷義、明法等進《大雲經
疏》，稱則天武后乃彌勒下生，當做閻浮提主。則
天改國號曰周。

西元 691 年（天授 2 年）　惠能五十四歲。提雲般若譯《大乘
法界無差別論》一卷。則天武后令釋教在道法之上，
僧尼處道士女冠之前。

西元 692 年（周則天武后如意元年、長壽元年）　惠能五十五
歲。牛頭宗師鶴林玄素出家。義淨託唐僧大津携回
《南海寄歸內法傳》、《西域求法高僧傳》等。

西元 693 年（長壽 2 年）　惠能五十六歲。則天武后自號金輪
聖神皇帝。菩提流支來長安， 譯出 《寶雨經》 十
卷。始令佛經制「卍」字爲如來吉祥萬德之所集，
音與「萬」字同。

西元 694 年（周則天武后延載元年）　惠能五十七歲。義淨回
廣州。

西元 695 年（周則天武后天册萬歲元年）　惠能五十八歲。牛
頭宗三祖惠方寂。義淨返洛陽。武后以晉譯六十卷
《華嚴經》未全，遣使往于闐國求取梵本，並迎實

叉難陀來洛陽始譯八十卷《華嚴經》。明佺等撰《武
周刊定眾經目錄》十五卷。

西元 696 年（周則天武后萬歲通天元年）　　惠能五十九歲。唯
識宗師新羅僧圓測寂。

西元 697 年（周則天武后神功元年）　　惠能六十歲。惠能弟子
懷讓受具足戒。

西元 698 年（周則天武后聖曆元年）　　惠能六十一歲。

西元 699 年（聖曆 2 年）　　惠能六十二歲。懷讓來禮惠能。實
叉難陀譯畢《華嚴經》八十卷。詔華嚴宗三祖法藏
於洛陽佛授記寺講八十卷《華嚴經》，又詔於長生
殿講《華嚴經》義，集爲《金師子章》。

西元 700 年（周則天武后久視元年）　　惠能六十三歲，則天武
后召惠能師兄老安（慧安、道安）和神秀進京供養。
行思弟子希遷生。則天武后撰〈大周新翻三藏聖教
序〉。

西元 701 年（周則天武后大足元年、長安元年）　　惠能六十四
歲。神會來禮惠能。神秀奉召入宮供養。義淨譯
《彌勒下生成佛經》一卷。

西元 702 年（長安 2 年）　　惠能六十五歲。弘忍十大弟子之一
智詵寂。牛頭宗四祖法持寂。實叉難陀譯《文殊師
利授記經》。

西元 703 年（長安 3 年）　　惠能六十六歲。義淨譯《金光明最
勝王經》十卷、《根本說一切有部毗奈耶》五十卷。

西元 704 年（長安 4 年）　　惠能六十七歲。實叉難陀譯《大乘
入楞伽經》七卷。

西元705年（唐中宗神龍元年）　　惠能六十八歲。中宗召惠能
　　　　入京，惠能不從。中宗賜惠能磨衲袈裟、水晶缽
　　　　等。牛頭宗六祖慧忠出家。玄賾弟子淨覺，撰《注
　　　　金剛般若理鏡》一卷。復國號曰唐。則天武后崩。
　　　　中宗撰〈大唐中興三藏聖敎序〉。義淨譯《大孔雀
　　　　咒王經》三卷。彌陀山譯《無垢淨光陀羅尼經》。

西元706年（神龍2年）　　惠能六十九歲。神秀寂。

西元707年（唐中宗景龍元年）　　惠能七十歲。中宗派薛簡請
　　　　惠能入宮供養，惠能不從。惠能弟子神會受具足
　　　　戒。重修韶州中興寺，改名法泉寺。

西元708年（景龍2年）　　惠能七十一歲。則天武后召弘忍弟
　　　　子玄賾入京供養。張說撰〈荆州玉泉寺大通禪師碑
　　　　銘幷序〉。義淨始譯《藥師琉璃光七佛本願功德經》。

西元709年（景龍3年）　　惠能七十二歲。弘忍弟子老安（慧
　　　　安、道安）寂。懷讓弟子道一生。菩提流支譯《不
　　　　空索神變眞言經》三十卷。

西元710年（景隆4年；唐睿宗景雲元年）　　惠能七十三歲。
　　　　實叉難陀寂。義淨譯《佛頂尊勝陀羅尼經》一卷、
　　　　《根本說一切有部毗奈耶雜事》四十卷。

西元711年（景雲2年）　　惠能七十四歲。義淨譯《法華論》
　　　　五卷。天台宗師湛然出生。

西元712年（唐睿宗太極元年；唐玄宗先天元年）　　惠能七十
　　　　五歲。惠能命人於新州國恩寺造塔。惠能由法泉寺
　　　　歸國恩寺。華嚴宗二祖法藏寂。

西元713年（唐玄宗開元元年）　　惠能七十六歲，惠能寂。惠

能弟子懷讓住南嶽般若寺。惠能弟子玄覺寂。印宗寂。義淨寂。菩提流支譯《大寶積經》百二十卷。

參 考 書 目

一、佛經及經注：

1. 劉宋·求那跋陀羅譯，《楞伽阿跋多羅寶經》，收錄於《大正藏》卷16。

2. 元魏·菩提流支譯，《入楞伽經》，收錄於《大正藏》卷16。

3. 唐·實叉難陀譯，《大乘入楞伽經》，收錄於《大正藏》卷16。

4. 姚秦·鳩摩羅什譯，《金剛般若波羅蜜經》，收錄於《大正藏》卷8。

5. 梁·曼陀羅仙譯，《文殊師利所說摩訶般若波羅蜜經》，收錄於《大正藏》卷8。

6. 北涼·曇無讖譯，《大般涅槃經》，收錄於《大正藏》卷12。

7. 劉宋·求那跋陀羅譯，《勝鬘師子吼一乘大方便方廣經》，收錄於《大正藏》卷12。

8. 《大梵天王問佛決疑經》，收錄於《卍續藏》冊87。

9. 姚秦·鳩摩羅什譯，《摩訶般若波羅蜜經》，收錄於《大正藏》卷8。

10. 劉宋·畺良耶舍譯，《佛說觀無量壽佛經》，收錄於《大

正藏》卷12。

11. 宋・寶臣，《注大乘入楞伽經》，收錄於《大正藏》卷39。

12. 明・宗泐、如玘，《楞伽阿跋多羅寶經註解》，收錄於《大正藏》卷39。

13. 唐・宗密，《圓覺經大疏》，收錄於《卍續藏》冊14。

14. 唐・宗密，《圓覺經大疏釋義鈔》，收錄於《卍續藏》冊14。

二、古典史書及禪宗燈錄：

1. 元魏・吉迦夜、曇曜譯，《付法藏因緣傳》，收錄於《大正藏》卷50。

2. 唐・道宣，《續高僧傳》，收錄於《大正藏》卷50。

3. 宋・贊寧，《宋高僧傳》，收錄於《大正藏》卷50。

4. 《曹溪大師別傳》，收錄於《卍續藏》冊 146。

5. 《歷代法寶記》，收錄於《大正藏》卷51。

6. 《寶林傳》，收錄於《中華大藏經》輯1，冊38。

7. 唐・淨覺，《楞伽師資記》，收錄於《大正藏》卷85。

8. 唐・杜朏，《傳法寶紀》，收錄於《大正藏》卷85。

9. 唐・宗密，《中華傳心地禪門師資承襲圖》，收錄於《卍續藏》冊 110。

10. 宋・道原，《景德傳燈錄》，收錄於《大正藏》卷51。

11. 《續傳燈錄》，收錄於《大正藏》卷51。

12. 宋・普濟，《五燈會元》，收錄於《卍續藏》冊 138。

13. 宋・契嵩，《傳法正宗記》，收錄於《大正藏》卷51。

14. 日本・東嶺圓慈，《五家參詳要路門》，收錄於《大正

藏》卷81。

15. 明·瞿汝稷，《指月錄》，收錄於《卍續藏》冊 143。

三、古典禪籍及其注釋：

1. 唐·法海集，《南宗頓教最上乘摩訶般若波羅蜜經六祖惠能大師於韶州大梵寺施法壇經》，收錄於《大正藏》卷48。

2. 元·宗寶編，《六祖大師法寶壇經》，收錄於《大正藏》卷48。

3. 《六祖壇經流行本敦煌本合刊》，臺北：慧炬出版社，1976。

4. 丁福保，《六祖壇經箋注》，臺北：維新書局，1977（3版）。

5. 唐·玄覺，《禪宗永嘉集》，收錄於《大正藏》卷48。

6. 唐·宗密，《禪源諸詮集都序》，收錄於《大正藏》卷48。

7. 唐·慧然，《鎮州臨濟慧照禪師語錄》，收錄於《大正藏》卷47。

8. 宋·仁勇，《楊岐方會和尚語錄》，收錄於《大正藏》卷47。

9. 宋·惠泉，《黃龍慧南禪師語錄》，收錄於《大正藏》卷47。

10. 宋·智昭集，《人天眼目》，收錄於《大正藏》卷48。

11. 宋·契嵩，《鐔津文集》，收錄於《大正藏》卷52。

12. 宋·契嵩，〈六祖大師法寶壇經贊〉，收錄於《大正藏》卷48，頁 346-347。

13. 宋·延壽，《宗鏡錄》，收錄於《大正藏》卷48。

四、現代學者著作：

1. 胡適，《胡適校敦煌唐寫本神會和尚遺集》，臺北：中央研究院胡適紀念館，1968。

2. 胡適，《胡適文存》，臺北：遠東圖書公司，1979。

3. 柳田聖山，《初期禪宗史書の研究》，日本·京都：法藏館，昭和42年。

4. 柳田聖山，《胡適禪學案》，臺北：正中書局，1975。

5. 印順，《中國禪宗史》，臺北：慧日講堂，1978。

6. 冉雲華，《宗密》，臺北：東大圖書公司，1988。

7. 湯用彤，《漢魏兩晉南北朝佛教史》，臺北：鼎文書局，1976（2版）。

8. 釋慧嶽，《天台教學史》，臺北：中華佛教文獻編撰社，1979（2版）。

9. 楊惠南，《吉藏》，臺北：東大圖書公司，1989。

10. 余英時，《歷史與思想》，臺北：聯經出版公司，1976。

11. 胡適，〈荷澤大師神會傳〉，收錄於胡適，《胡適校敦煌唐寫本神會和尚遺集》，臺北：中央研究院胡適紀念館，1986。

12. 胡適，〈壇經考之一——跋曹溪大師別傳〉，收錄於張曼濤編，《現代佛教學術叢刊（1）·六祖壇經研究論集》，臺北：大乘文化出版社，1980。

13. 胡適，〈壇經考之二——記北宋本的六祖壇經〉，收錄於張曼濤編，《現代佛教學術叢刊（1）·六祖壇經研究論集》，臺北：大乘文化出版社，1980。

14. 錢穆，〈神會與壇經〉，收錄於張曼濤編，《現代佛教學術叢刊（1）‧六祖壇經研究論集》，臺北：大乘文化出版社，1976，頁 81-141。

15. 錢穆，〈略述有關六祖壇經之眞僞問題〉，收錄於張曼濤編，《現代佛教學術叢刊（1）‧六祖壇經研究論集》，臺北：大乘文化出版社，1976，頁 205-213。

16. 錢穆，〈再論關於壇經眞僞問題〉，收錄於張曼濤編，《現代佛教學術叢刊(1)‧六祖壇經研究論集》，臺北：大乘文化出版社，1976，頁 225-233。

17. 楊鴻飛，〈關於六祖壇經〉，收錄於張曼濤編，《現代佛教學術叢刊（1）‧六祖壇經研究論集》，臺北：大乘文化出版社，1976。

18. 印順，〈神會與壇經——評胡適禪宗史的一個重要問題〉，收錄於張曼濤編，《現代佛教學術叢刊（1）‧六祖壇經研究論集》，臺北：大乘文化出版社，1980。

19. 巴宙，〈六祖壇經作者之探討〉，收錄於《佛光山國際禪學會議實錄》，高雄：佛光山，1990，頁 449-454。

20. 小川隆，〈試論六祖壇經之成書過程〉，收錄於《佛光山國際禪學會議實錄》，高雄：佛光山，1990，頁 132-144。

21. 摩登‧史魯特（Morten Schlutter），〈論壇經的系譜與演進〉，收錄於《佛光山國際禪學會議實錄》，高雄：佛光山，1990，頁 455-469。

22. 田中良昭，〈壇經典籍研究概史〉，收錄於《佛光山國際禪學會議實錄》，高雄：佛光山，1990，頁 274-280。

23. 石井修道，〈曹溪大師傳與六祖壇經〉，收錄於《佛光山國際禪學會議實錄》，高雄：佛光山，1990，頁 295-301。

24. 約翰·喬金森 (John Jorgensen)，〈南陽慧忠和壇經邪說〉，收錄於《佛光山國際禪學會議實錄》，高雄：佛光山，1990，頁 314-324。

25. 韓基斗，〈壇經版本教義的改變和「知」的問題〉，收錄於《佛光山國際禪學會議實錄》，高雄：佛光山，1990，頁 357-361。

26. 朴性焙，〈論知訥對壇經的觀點〉，收錄於《佛光山國際禪學會議實錄》，高雄：佛光山，1990，頁 423-428。

27. 羅伯特·吉米羅 (Robert N. Gimello)，〈六祖壇經在北宗禪中的迴響〉，收錄於《佛光山國際禪學會議實錄》，高雄：佛光山，1990，頁 325-336。

28. 成中英，〈六祖壇經之三十六對及其哲學意義〉，收錄於《佛光山國際禪學會議實錄》，高雄：佛光山，1990，頁 365-369。

29. 保羅·格羅能 (Paul Groner)，〈壇經的戒儀——以東亞佛教律宗爲觀點〉，收錄於《佛光山國際禪學會議實錄》，高雄：佛光山，1990，頁 373-386。

30. 大衞·查波爾 (David Chappell)，〈無相懺悔的比較研究〉，收錄於《佛光山國際禪學會議實錄》，高雄：佛光山，1990，頁 387-397。

31. 大衞·普特尼 (David Putney)，〈神秀、六祖壇經和道元的佛性論〉，收錄於《佛光山國際禪學會議實錄》，

高雄: 佛光山, 1990, 頁 337-353。

32. 楊惠南,〈壇經中之「自性」的意含〉, 收錄於《佛光山國際禪學會議實錄》, 高雄: 佛光山, 1990, 頁 110-123。

33. 楊惠南,〈道信與神秀之禪法的比較——兼論惠能所批判之看心、看淨的禪法〉, 刊於《臺大哲學論評》11期, 臺北: 臺灣大學哲學系, 1988, 頁 205-225。

34. 楊惠南,〈惠能及其後禪宗之人性論的研究〉, 刊於《哲學與文化(月刊)》14 卷 10 期, 臺北:《哲學與文化(月刊)》社, 1987, 頁 24-36。

35. 傅偉勳,〈壇經慧能頓悟禪教深層義蘊試探〉, 收錄於傅偉勳,《從創造的詮釋學到大乘佛學》, 臺北: 東大圖書公司, 1990, 頁 209-242。

36. 傅偉勳,〈禪道與東方文化〉, 收錄於傅偉勳,《從創造的詮釋學到大乘佛學》, 臺北: 東大圖書公司, 1990, 頁 243-236。

五、其他:

1. 唐・法海,〈六祖大師法寶壇經略序〉, 收錄於《全唐文》卷 915。

2. 唐・王維,〈六祖能禪師碑銘〉, 收錄於《全唐文》卷 327。

3. 唐・劉禹錫,〈大唐曹溪第六祖大鑒禪師第二碑〉, 收錄於《全唐文》卷 610。

4. 唐・柳宗元,〈曹溪第六祖賜謚大鑒禪師碑〉, 收錄於《全唐文》卷 587。

5. 唐・賈餗，〈楊州華林寺大悲禪師碑銘幷序〉，收錄於
《全唐文》卷 731。

6. 日本・珍圓，《智證大師請來目錄》，收錄於《大正藏》
卷55。

7. 《大明三藏法數》，收錄於《縮刷藏》露 1-2。

8. 中村元，《佛教語大辭典》，日本・東京：東京書籍株
式會社，昭和50年（2版）。

9. 望月信亨，《佛教大辭典》，臺北：地平線出版社，1979
（影印二版）。

索　引

一　劃

二　劃

三　　劃

四　　劃

五　　劃

六　劃

七　劃

八　　劃

九　劃

十　　劃

十 一 劃

十 二 劃

十 三 劃

十　四　劃

十 五 劃

十 六 劃

二　十　劃

二十一劃

二十三劃

二十四劃

二十五劃

世界哲學家叢書(八)

書　　　　　名	作　　　者	出　版　狀　況
諾　　錫　　克	石　元　康	撰　稿　中
羅　　　　　蒂	范　　進	撰　稿　中
馬　克　弗　森	許　國　賢	排　印　中
希　　　　　克	劉　若　韶	撰　稿　中
尼　　布　　爾	卓　新　平	已　出　版
馬　丁・布　伯	張　賢　勇	撰　稿　中
蒂　　里　　希	何　光　滬	撰　稿　中
德　　日　　進	陳　澤　民	撰　稿　中
朋　諤　斐　爾	卓　新　平	撰　稿　中

世界哲學家叢書(七)

書　　　　名	作　　者	出 版 狀 況
克　　羅　　齊	劉　綱　紀	撰　稿　中
布　拉　德　雷	張　家　龍	撰　稿　中
懷　　德　　黑	陳　奎　德	撰　稿　中
玻　　　　爾	戈　　革	已　出　版
卡　　納　　普	林　正　弘	撰　稿　中
卡　爾　巴　柏	莊　文　瑞	撰　稿　中
柯　　靈　　烏	陳　明　福	撰　稿　中
穆　　　　爾	楊　樹　同	撰　稿　中
弗　　雷　　格	趙　汀　陽	撰　稿　中
維　根　斯　坦	范　光　棣	撰　稿　中
愛　　耶　　爾	張　家　龍	撰　稿　中
賴　　　　爾	劉　建　榮	撰　稿　中
奧　　斯　　丁	劉　福　增	已　出　版
史　　陶　　生	謝　仲　明	撰　稿　中
赫　　　　爾	馮　耀　明	撰　稿　中
帕　爾　費　特	戴　　華	撰　稿　中
魯　　一　　士	黃　秀　璣	排　印　中
珀　　爾　　斯	朱　建　民	撰　稿　中
詹　　姆　　斯	朱　建　民	撰　稿　中
杜　　　　威	李　常　井	撰　稿　中
奎　　　　英	成　中　英	撰　稿　中
帕　　特　　南	張　尚　水	撰　稿　中
庫　　　　恩	吳　以　義	撰　稿　中
拉　卡　托　斯	胡　新　和	撰　稿　中
洛　　爾　　斯	石　元　康	已　出　版

世界哲學家叢書(六)

書　　　　名	作　　者	出　版　狀　況
布　倫　坦　諾	李　　河	撰　稿　中
韋　　　　伯	陳　忠　信	撰　稿　中
卡　西　勒	江　日　新	撰　稿　中
雅　斯　培	黃　　藿	已　出　版
弗　洛　依　德	陳　小　文	撰　稿　中
胡　塞　爾	蔡　美　麗	已　出　版
馬克斯·謝勒	江　日　新	已　出　版
海　德　格	項　退　結	已　出　版
高　達　美	張　思　明	撰　稿　中
漢　娜　鄂　蘭	蔡　英　文	撰　稿　中
盧　卡　契	謝　勝　義	撰　稿　中
阿　多　爾　諾	章　國　鋒	撰　稿　中
馬　爾　庫　斯	鄭　　湧	撰　稿　中
弗　洛　姆	姚　介　厚	撰　稿　中
哈　伯　馬　斯	李　英　明	已　出　版
柏　格　森	尚　新　建	撰　稿　中
皮　亞　杰	杜　麗　燕	稿　撰　中
馬　利　丹	楊　世　雄	撰　稿　中
馬　賽　爾	陸　達　誠	已　出　版
梅露·彭廸	岑　溢　成	撰　稿　中
阿　爾　都　塞	徐　崇　溫	撰　稿　中
列　維　納	葉　秀　山	撰　稿　中
德　希　達	張　正　平	撰　稿　中
呂　格　爾	沈　清　松	撰　稿　中
富　　科	于　奇　智	撰　稿　中

世界哲學家叢書(五)

書　　　　　名	作　　者	出 版 狀 況
蒙　　　　　田	郭　宏　安	撰　稿　中
斯　賓　諾　莎	洪　漢　鼎	已　出　版
萊　布　尼　茲	陳　修　齋	撰　稿　中
培　　　　　根	余　麗　嫦	撰　稿　中
霍　　布　　斯	余　麗　嫦	撰　稿　中
洛　　　　　克	謝　啓　武	撰　稿　中
巴　　克　　萊	蔡　信　安	已　出　版
休　　　　　謨	李　瑞　全	已　出　版
托馬斯・銳德	倪　培　林	撰　稿　中
伏　　爾　　泰	李　鳳　鳴	撰　稿　中
孟　德　斯　鳩	侯　鴻　勳	排　印　中
盧　　　　　梭	江　金　太	撰　稿　中
帕　　斯　　卡	吳　國　盛	撰　稿　中
康　　　　　德	關　子　尹	撰　稿　中
費　　希　　特	洪　漢　鼎	撰　稿　中
黑　　格　　爾	徐　文　瑞	撰　稿　中
叔　　本　　華	劉　　東	撰　稿　中
祁　　克　　果	陳　俊　輝	已　出　版
彭　　加　　勒	李　醒　民	撰　稿　中
費　爾　巴　哈	周　文　彬	撰　稿　中
恩　　格　　斯	金　隆　德	撰　稿　中
馬　　克　　思	洪　鐮　德	撰　稿　中
約　翰　彌　爾	張　明　貴	已　出　版
狄　　爾　　泰	張　旺　山	已　出　版
史　賓　格　勒	商　戈　令	已　出　版

世界哲學家叢書(四)

書　　　　　名	作　　　者	出　版　狀　況
伊　藤　仁　齋	田　原　剛	撰　稿　中
山　鹿　素　行	劉　梅　琴	已　出　版
山　崎　闇　齋	岡　田　武　彥	已　出　版
三　宅　尙　齋	海老田輝巳	排　印　中
中　江　藤　樹	木　村　光　德	撰　稿　中
貝　原　益　軒	岡　田　武　彥	已　出　版
荻　生　徂　徠	劉　梅　琴	撰　稿　中
安　藤　昌　益	王　守　華	撰　稿　中
富　永　仲　基	陶　德　民	撰　稿　中
石　田　梅　岩	李　甦　平	撰　稿　中
楠　本　端　山	岡　田　武　彥	已　出　版
吉　田　松　陰	山　口　宗　之	已　出　版
福　澤　諭　吉	卞　崇　道	撰　稿　中
岡　倉　天　心	魏　常　海	撰　稿　中
中　江　兆　民	華　小　輝	撰　稿　中
西　田　幾　多　郎	廖　仁　義	撰　稿　中
和　辻　哲　郎	王　中　田	撰　稿　中
三　　木　　清	卞　崇　道	撰　稿　中
柳　田　謙　十　郎	趙　乃　章	撰　稿　中
柏　　拉　　圖	傅　佩　榮	撰　稿　中
亞　里　斯　多　德	曾　仰　如	已　出　版
聖　奧　古　斯　丁	黃　維　潤	撰　稿　中
伊　本·赫　勒　敦	馬　小　鶴	已　出　版
聖　多　瑪　斯	黃　美　貞	撰　稿　中
笛　　卡　　兒	孫　振　青	已　出　版

世界哲學家叢書(三)

書　　　　名	作　　者	出版狀況
智　　　　旭	熊　　琬	撰　稿　中
章　太　炎	姜　義　華	已　出　版
熊　十　力	景　海　峰	已　出　版
梁　漱　溟	王　宗　昱	已　出　版
金　岳　霖	胡　　軍	已　出　版
張　東　蓀	胡　偉　希	撰　稿　中
馮　友　蘭	殷　　鼎	已　出　版
唐　君　毅	劉　國　強	撰　稿　中
賀　　　麟	張　學　智	已　出　版
龍　　　樹	萬　金　川	撰　稿　中
無　　　著	林　鎮　國	撰　稿　中
世　　　親	釋　依　昱	撰　稿　中
商　羯　羅	黃　心　川	撰　稿　中
維韋卡南達	馬　小　鶴	撰　稿　中
泰　戈　爾	宮　　靜	已　出　版
奧羅賓多‧高士	朱　明　忠	撰　稿　中
甘　　　地	馬　小　鶴	排　印　中
拉達克里希南	宮　　靜	撰　稿　中
元　　　曉	李　箕　永	撰　稿　中
休　　　靜	金　煐　泰	撰　稿　中
知　　　訥	韓　基　斗	撰　稿　中
李　栗　谷	宋　錫　球	排　印　中
李　退　溪	尹　絲　淳	撰　稿　中
空　　　海	魏　常　海	撰　稿　中
道　　　元	傅　偉　勳	撰　稿　中

世界哲學家叢書(二)

書　　　　　名	作　　者	出　版　狀　況
朱　　舜　　水	李　甦　平	排　印　中
王　　船　　山	張　立　文	撰　稿　中
眞　　德　　秀	朱　榮　貴	撰　稿　中
劉　　蕺　　山	張　永　儁	撰　稿　中
黃　　宗　　羲	盧　建　榮	撰　稿　中
顧　　炎　　武	葛　榮　晉	撰　稿　中
顏　　　　元	楊　慧　傑	撰　稿　中
戴　　　　震	張　立　文	已　出　版
竺　　道　　生	陳　沛　然	已　出　版
眞　　　　諦	孫　富　支	撰　稿　中
慧　　　　遠	區　結　成	已　出　版
僧　　　　肇	李　潤　生	已　出　版
智　　　　顗	霍　韜　晦	撰　稿　中
吉　　　　藏	楊　惠　南	已　出　版
玄　　　　奘	馬　少　雄	撰　稿　中
法　　　　藏	方　立　天	已　出　版
惠　　　　能	楊　惠　南	已　出　版
澄　　　　觀	方　立　天	撰　稿　中
宗　　　　密	冉　雲　華	已　出　版
永　明　延　壽	冉　雲　華	撰　稿　中
湛　　　　然	賴　永　海	已　出　版
知　　　　禮	釋　慧　嶽	排　印　中
大　慧　宗　杲	林　義　正	撰　稿　中
袾　　　　宏	于　君　方	撰　稿　中
憨　山　德　清	江　燦　騰	撰　稿　中

世界哲學家叢書㈠

書　　　名	作　者	出版狀況
孟　　　子	黃俊傑	已出版
老　　　子	劉笑敢	撰稿中
莊　　　子	吳光明	已出版
墨　　　子	王讚源	撰稿中
淮　南　子	李增	已出版
賈　　誼	沈秋雄	撰稿中
董　仲　舒	韋政通	已出版
揚　　雄	陳福濱	已出版
王　　充	林麗雪	已出版
王　　弼	林麗真	已出版
嵇　　康	莊萬壽	撰稿中
劉　　勰	劉綱紀	已出版
周　敦　頤	陳郁夫	已出版
邵　　雍	趙玲玲	撰稿中
張　　載	黃秀璣	已出版
李　　覯	謝善元	已出版
王　安　石	王明蓀	撰稿中
程顥、程頤	李日章	已出版
朱　　熹	陳榮捷	已出版
陸　象　山	曾春海	已出版
陳　白　沙	姜允明	撰稿中
王　廷　相	葛榮晉	已出版
王　陽　明	秦家懿	已出版
李　卓　吾	劉季倫	撰稿中
方　以　智	劉君燦	已出版